气候官来了

The climate officer is COMING

中国企业低碳发展指南

中国社会科学院城市发展与环境研究所
21世纪经济报道

陈洪波　陈晨星◎主编

南方日报出版社
NANFANG DAILY PRESS
中国·广州

图书在版编目（CIP）数据

气候官来了：中国企业低碳发展指南/陈洪波，陈晨星主编. —广州：南方日报出版社，2012.11
ISBN 978-7-5491-0724-7

Ⅰ. ①气… Ⅱ. ①陈… ②陈… Ⅲ. ①企业管理－研究－中国 Ⅳ. ①F279.23

中国版本图书馆 CIP 数据核字(2012)第 268315 号

QIHOUGUAN LAILE
气候官来了——中国企业低碳发展指南　　陈洪波 陈晨星 主编

出版发行：南方日报出版社
地　　址：广州市广州大道中 289 号
电　　话：（020）83000502
经　　销：全国新华书店
印　　刷：广州市怡升印刷有限公司
开　　本：787mm×1092mm　1/16
印　　张：10.5
字　　数：180 千字
版　　次：2012 年 11 月第 1 版
印　　次：2012 年 11 月第 1 次印刷
定　　价：30.00 元

投稿热线：（020）83000503　读者热线：（020）83000502

网址：http://nf.nfdaily.cn/press/

目 录

气候变化不仅是环境问题，更是发展问题，涉及各国的政治、经济、外交、安全、文化等各种因素。因此，需要国际社会共同采取行动，减缓并适应气候变化。

企业低碳发展战略的制定涉及的主要内容包括：企业面临的风险和机遇分析，制定和实施低碳发展战略的方法学，实施低碳发展战略的能力建设，对实施结果的跟踪、评估和广泛合作对外交流，实施低碳发展战略的资金筹措和政策建议六大部分。

企业要有效地实施其低碳战略的整体的组织架构——“气候官体系”。首席气候官的意图和职责不仅在于“气候”本身，而且同时应该“治本”——企业的可持续发展。

第四章　企业低碳技术创新 / 52

当今低碳技术的开发应用，将颠覆以化石能源为基石的工业文明发展模式，带来能源利用方式的全新革命，这便是核能和可再生能源逐步应用并最终取代化石能源的新时代。

第五章　企业碳管理 / 64

企业应当对其温室气体排放情况进行详细的、量化的核算盘查，从而建立企业合理的减碳指标。这对于企业低碳发展战略的实施具有重要的作用，是企业低碳发展的具体落实。

第六章　企业低碳产业链协作 / 81

企业低碳发展不仅要关注资源的有效利用，而且产品使用后的处理，废品、废水、废气、废料的再回收和再利用也应受到重视，这些都是企业低碳发展的重要内容。

我国发展低碳经济不仅要借鉴发达国家的成功经验，而且还要联系经济发展的实际和特点，在法规制度、资金筹措、工作程序、低碳意识教育等各个方面，采取一系列激励政策和措施，以构建支撑低碳经济发展相应的政策体系和机制。

序 言

全球气候变化已经是不争的事实，越来越频繁的极端天气，以及能源安全、环境恶化等多重威胁，使人类的生存和发展面临空前的挑战。积极应对气候变化，走绿色低碳发展道路，已经成为国际社会的普遍共识。

中国作为世界最大的发展中国家，凭借30余年持续的快速经济增长，已经一跃成为世界最大的能耗和碳排放国家。然而，中国工业化、城市化尚未完成，在未来40年内预计将有5亿左右的人口移居城市，这将使中国未来在能源、碳排放、资源、环境等多个方面面临更大的压力。绿色低碳发展，中国更为紧迫。为此，中国政府于2009年提出了到2020年单位GDP碳排放比2005年下降40％—45％的行动目标。“十二五”规划又进一步将单位GDP能耗、碳排放及非化石能源比重等列为约束性指标，并陆续推出了一系列控制能耗和温室气体排放总量的政策。

企业作为社会经济活动的主体，是温室气体排放的主要排放源，是控制温室气体排放的主战场。同时，企业承载着技术创新、能源供给、设备制造等众多功能，肩负着推动社会节能减排的责任。控制温室

全球气候变化已经是不争的事实，越来越频繁的极端天气，以及能源安全、环境恶化等多重威胁，使人类的生存和发展面临空前的挑战。积极应对气候变化，走绿色低碳发展道路，已经成为国际社会的普遍共识。

企业作为社会经济活动的主体，是温室气体排放的主要排放源，是控制温室气体排放的主战场。

气体排放使企业面临许多新的挑战，企业必须接受更严格的政策法规、管制措施和贸易规制，既要经受消费者和客户的“低碳”选择，也要承受能源的短缺及价格上涨的压力。

然而，低碳发展也将给企业带来新的机遇，企业率先实施低碳战略，可以增强核心竞争力，抢占新一轮竞争制高点，也有利于企业开拓新的产业，培育新的增长点；促进企业改造传统技术和设备工艺，增强可持续发展能力；有利于打造企业形象，构建新的客户群，开拓新市场。

转型必然伴随着阵痛、茫然、不确定性和风险，对于在黑暗中摸索的企业，一只萤火虫的亮光或许就能点燃希望。中国社会科学院城市发展与环境研究所与《21世纪经济报道》历时两年对中国境内的部分企业在低碳发展方面的探索进行了调查，记录了他们的可贵经验。本报告愿意作为一只萤火虫，为引领企业低碳发展，为落实国家应对气候变化战略尽绵薄之力。

潘家华

2012年9月13日于北京

第一章　低碳革命与企业低碳先锋

气候变化是全球性环境问题，是人类面临的共同挑战，没有一个国家能在气候变化挑战下独善其身。同时，气候变化不仅是环境问题，更是发展问题，涉及各国的政治、经济、外交、安全、文化等各种因素。因此，需要国际社会共同采取行动，减缓并适应气候变化。

企业是国民经济的微观主体，既是能源的主要消耗者，也是温室气体的主要排放源，不仅要承担自身节能减排的责任，而且还要承担着节能减排的社会责任。不管清洁能源技术的大规模应用是否可以被称为“第三次工业革命”，“低碳”本身都可以算作是一场新的革命。

全球企业正处在同一个十字路口上，沿着固有的轨迹继续前行，那将是一条布满能源资源日渐枯竭的陷阱、规制的荆棘和市场空间渐行渐窄的不归路。转型是必然的，向左转，向右转，考验着企业家的智慧、胆略和勇气，也考验着技术的张力和政府的决心。一场以低碳名义的革命正在兴起，一批企业界先驱正在艰难地探索，我们试图以我们的方式记录这些珍贵的足迹。

第一节　应对气候变化：宏观背景

2012年7月21日，北京遭遇了有气象记录的61年以来的最强暴雨；在这一个月，美国出现了1895年有记录以来最热的天气，美国大陆57.2%的面积处于干旱状态，形成半个世纪以来最严重干旱；在这一年，印度全国的降雨量仅为十年来同期平均值的23%，非洲苏丹共和国也遭遇了几十年不遇的洪灾等等。新闻里不断重复地用“几十年不遇”的话语讲述着极端天气的故事。全球各地干旱、高温、暴雨、台风等极端天气正更频繁、更强烈、更广泛地冲击着地球。最近十年，全球每年因气象或气候灾害造成的损失高达500亿美元，死亡22000人。与此同时，地球上的冰川正在加速融化，美国科学家最近的研究指出，北冰洋的冰川面积已经缩减到410万平方公里，创下了1979年开始进行卫星观测以来的最低值。这些现象不断地验证了政府间气候变化专门委员会（Intergovernmental Panel on Climate Change，缩写为IPCC）第四次评估报告中的结论：以全球变暖为特征的气候变化是一个不争的事实。有观测数据显示，自1990年以来，地球表面平均气温已经升高了0.75℃，海平面大约平均上升了18厘米。有专家预测，冰川正加速融化，到2100年海平面有可能上升2米。进而导致物种灭绝，生态系统退化，威胁全人类的生存和发展。

一、国际气候谈判进展

气候变化是全球性环境问题，是人类面临的共同挑战，没有一个国家能在气候变化挑战下独善其身。同时，气候变化不仅是环境问题，更是发展问题，涉及各国的政治、经济、外交、安全、文化等各种因素。因此，需要国际社会共同采取行动，减缓并适应气候变化。

1988年，联合国环境规划署和世界气象组织共同成立了IPCC，汇集了世界各国的气候专家定期评估气候变化及其影响，迄今为止发表了四次关于气候变化的评估报告，为国际社会和各国政府决策提供科学依据。

1992年5月，联合国环境与发展大会在巴西里约热内卢召开，各国签署《联合国气候变化框架公约》（以下简称《公约》），该《公约》对国际社会共同应对气候变化确立了原则性和框架性的安排，制定了应对气候变化的长期目标和包括“共同但有区别的责任”在内的基本原则，《公约》于1994年3月生效。

1997年12月，《公约》第3次缔约方大会（简称COP 3）在日本京都召开。大会达成了《京都议定书》，首次为发达国家规定具有法律约束力的减限排义务，规定附件一国家在第一承诺期（2008—2012年）温室气体排放量要在1990年的基础上平均减少5.2%。《京都议定书》于2005年2月16日正式生效。

2005年11月，在加拿大蒙特利尔召开的《公约》缔约方第11次暨《京都议定书》第1次大会（COP 11/MOP 1），以双轨并行的方式启动了“后京都谈判”。《京都议定书》正式生效以后，进入实质性的运行阶段，但其第一承诺期到2012年结束，必须对后京都应对气候变化进行制度安排。由于美国和澳大利亚退出《京都议定书》，大会对后京都的谈判实行双轨并行，即在《京都议定书》下成立特设工作组，谈判发达国家第二承诺期的减排义务，同时为了使美国、澳大利亚等非议定书缔约方能够参与谈判，决定在《公约》基础上就促进国际

气候变化不仅是环境问题，更是发展问题，涉及各国的政治、经济、外交、安全、文化等各种因素。因此，需要国际社会共同采取行动，减缓并适应气候变化。

社会应对气候变化的长期合作行动进行对话。

2007年12月，COP 13/MOP 3在印度尼西亚巴厘岛召开，会议取得的最重要成果就是通过了“巴厘路线图”，其中包括三个方面的内容：一是旨在加强《公约》规定的义务的执行，即“巴厘行动计划”（Bali Action Plan）；二是《京都议定书》下发达国家第二承诺期谈判特设工作组（简称AWG）关于未来谈判的时间表；三是《京都议定书》第九条下关于对议定书的审查。“巴厘路线图”的重要意义在于启动了一个谈判进程，确立了公约和议定书下的“双轨”谈判安排。

2009年12月，COP 15/MOP 5在丹麦哥本哈根召开，会议没能就发达国家第二承诺期减排目标达成具有法律约束力的协议，但坚持了《联合国气候变化框架公约》、《京都议定书》和“巴厘路线图”。会议形成的《哥本哈根协议》体现了各方的积极政治意愿，在发达国家强制减排和发展中国家采取自主行动上取得了新的进展，在长期目标、资金和行动透明度问题上达成重要共识。

此后的国际气候谈判仍在艰难地进行，2010年12月在墨西哥坎昆召开的COP 16/MOP 6形成了《坎昆协议》，2011年12月在南非德班召开的COP 17/MOP 7形成了《德班协议》，遗憾的是，这两次会议取得的成果都非常有限。尽管德班会议确立了“第二承诺期”（2013—2017年）使《京都议定书》得以幸存，并启动建立“绿色气候基金”，但会议未能全部完成“巴厘路线图”谈判，没有达成一项实质性的全球温室气体减排协议，发达国家没有对第二承诺期的减排义务作出明确的承诺，也没有对如何落实资金和技术转让作出具体承诺，《京都议定书》更像是名存实亡，令发展中国家颇感失望，也使国际气候谈判进程受到影响。

国际气候谈判陷于僵局的原因，首先是全球公共利益与主权国家“个体”利益之间的冲突，它是“公地的悲剧”在全球气候变化领域的具体体现。由于缺乏“全球政府”或一套强有力的国际机制，因此很难使全球公共利益与各主权国家的利益协调统一在一起。其次是各主要国家之间复杂的利益关系及自身面临的现实问题，美国、加拿大和澳大利亚等人均碳排放最高的国家短期内面临转型困难，不愿为承担国际义务而牺牲自身的利益；作为应对气候变化积极推动者的欧盟，近年来由于欧债危机等原因，也难以在国际气候谈判中发挥领导作用；中国、印度、巴西等新兴经济体近年来经济发展迅速，也成为发达国家逃避承担减排义务和资金、技术转让的借口。然而，气候变化的影响正日益凸显，能源安全正威胁着世界经济的持续增长，各国政治家应对气候变化和保障能源安全的认识仍然高度一致，并清晰地表明了积极应对气候变化的政治意愿，国际气候谈判终将取得积极进展。

二、主要国家气候变化战略

尽管各主要国家在国际气候谈判中为了本国利益不愿承诺更多的减排义务，有些国家甚至表现出消极的态度，但在国内政策上，各国为了抢占新一轮经济和技术竞争的制高点，都把气候变化置于战略高度，积极采取行动。

欧盟一直是全球气候变化的积极推动者和领导者，欧盟及主要欧洲国家长期把应对气候变化作为内政和外交的主要战略，自20世纪80年代起就开始布署气候变化科学和节能与可再生能源技术的研发，2000年在全球率先制订了气候变化方案，明确提出要增加可再生能源利用率，通过提高建筑、工业、家用电器能效等措施以控制温室气体排放，2000年6月制订了《欧盟气候变化方案》。2007年3月，欧洲理事会提出了一项具有里程碑意义的能源和气候一体化决议，其核心内容是“20—20—20”行动，即承诺到2020年将欧盟温室气体排放量在1990年基础上减少20%，若能达成新的国际气候协议，欧盟则将承诺减少30%；设定可再生能源在总能源消费中的比例提高到20%的约束性目标，包括生物燃料占总燃料消费的比例不低于10%；将能源效率提高20%。2008年，欧盟通过了“气候行动和可再生能源一揽子计划”的新立法。欧盟成员国也积极采取行动，如：英国于2000年和2005年先后制订和完善了《英国气候变化方案》，2008年5月发布了《气候变化战略》，提出“后碳时代城市”的目标，2008年正式通过了《气候变化法》，成为最早将减排目标以法律形式明确下来的国家。欧盟各国经过长期的战略部署和政策推动，目

气候变化的影响正日益凸显，能源安全正威胁着世界经济的持续增长，各国政治家应对气候变化和保障能源安全的认识仍然高度一致，并清晰地表明了积极应对气候变化的政治意愿，国际气候谈判终将取得积极进展。

前低碳技术和产业已经发展成熟，技术与设备在国际市场上已经具备优势，如丹麦的新能源技术和设备的出口占其总出口的1/3以上。

美国奥巴马政府上台以后，推出了“绿色新政”，制订了包括应对气候变化，促进能源安全、经济恢复，创造就业和提升产业竞争力等一揽子方案，积极推动立法，制定了一系列政策与规划。美国各州积极推动气候变化立法或制定相关政策，缅因州于2003年通过了一项《为应对气候变化威胁发挥领导作用的法令》，成为美国第一个通过立法设定温室气体排放目标的州。加利福尼亚州于2006年通过了《全球温室效应治理法案》，规定到2020年温室气体排放量减排25%，控制在1990年的水平。在气候变化和能源安全的双重威胁下，美国凭借其强大的技术优势，近年来在太阳能和页岩气等清洁能源技术和产业发展上取得了重大突破，甚至出现了“页岩气革命”。美国页岩气产量2010年达到4.8万亿立方英尺，占天然气总产量的23%，超过俄罗斯成为全球天然气第一大生产国，美国从天然气进口国一跃成为出口国。

日本长期坚持“环境立国”的战略，把节能、环保作为优先领域。1994年制订的《第一个环境基本计划》，就将应对气候变化纳入其中。对于应对气候变化与其基本国策的目标，日本曾积极推动，并为《京都议定书》的诞生作出了重要的贡献，也推动国内制定了相应的战略和政策。2007年制订“21世纪环境立国战略”的目标是建立一个“低碳化社会”、“循环型社会”和“与自然共生的社会”，完善了国内应对气候变化的政策体系。前首相鸠山曾表示，要把实现中期温室气体控制目标作为推进“绿色革新”的机会，通过减排创造新的内需，变革日本经济。澳大利亚陆克文执政以后立即签署了《京都议定书》，成立了“气候变化与水资源部”，制定了到2050年在2000年的基础上减排60%的长期目标和2020年减排5%—15%的中期目标。2007年制订了《澳大利亚气候变化政策》和《国家温室气体和能源报告法案》，2008年底提出了大规模的“碳交易计划”（CPRS）。

一些发展中国家也积极制定应对气候变化的战略。韩国总统李明博2008年提出了“低碳绿色增长”战略，把低碳绿色增长作为一个“新的国家发展模式”，其原则是：促进经济稳步增长的同时，使能源和资源的利用最小化；使利用相同数量的能源的CO_2排放等环境影响最小化；发展绿色产业，使之成为经济增长的引擎。把发展绿色产业作为经济增长的新动力，使韩国走向低碳经济。印度在第十一个五年计划中提出将在十年（2007—2017年）内把单位能源的温室气体排放量降低20%；2008年6月通过了《气候变化国家行动计划》，强调要在2017年之前实施太阳能计划、提高能源效率计划、可持续生活环境计划、建立气候变化战略知识平台计划等八大全国性计划。巴西2008年制订了《气候变化国家方案》，规定：提高能源利用效率，到2030年将电力消费在现状水平上减少10%；保持较高的可再生能源比例，整体上维持在45%左右；鼓励交通运输行业进一步加大对生物燃料的利用比重，积极拓展生物燃料的国际市场；持续减少毁林，到2017年将毁林率减少70%等等。

韩国总统李明博2008年提出了“低碳绿色增长”战略，把低碳绿色增长作为一个“新的国家发展模式”，其原则是：促进经济稳步增长的同时，使能源和资源的利用最小化；使利用相同数量的能源的CO_2排放等环境影响最小化；发展绿色产业，使之成为经济增长的引擎。

三、中国面临的挑战

改革开放30多年来，中国经济始终保持着持续快速增长，经济总量跃居世界第二位，2011年GDP总量达到47万亿元，人均GDP达到5432美元，达到中等收入国家水平。然而，中国经济的快速增长也直接拉动了能源消费的急剧上升，近十年来，中国能源消费总量始终保持5%—7%的增长速度，2011年能源消费总量34.8亿吨标准煤，成为世界第一能源消费大国，人均能源消费2.6吨标准煤，超过世界平均水平。能源消费的快速增长使中国能源安全面临严峻的挑战，2011年中国原油进口数量达25378万吨，石油对外依存度55%以上，超过了公认的警戒线。过高的石油依存度，一旦国际局势紧张，将严重威胁到中国经济运行安全和社会稳定。

过高的石油依存度，一旦国际局势紧张，将严重威胁到中国经济运行安全和社会稳定。

中国能源消费不仅总量大，而且也是世界上少数几个能源消费结构以煤为主的国家之一。我国一次能源消费结构中煤炭所占比重在68%左右，比世界平均水平高出38.4个百分点。其结果是导致中国温室气体排放总量大，占全球的比重高。根据国际能源署（IEA）2010年的报告，2008年全球化石能源燃烧排放的CO_2总量近294亿吨，其中，中国排放65亿吨，居世界第一位，占全球排放的22%，比第二排放大国美国分别高9亿吨和3个百分点。中国自1990年以来化石能源燃烧排放CO_2排放总量增长了2倍，增量超过全球同期CO_2总排放量增长的1/2，主要国家历年CO_2排放情况见下表。另据英国石油公司（BP）《全球能源统计报告2011》数据，中国2010年能源利用相关CO_2排放达到83.3亿吨，占全球排放总量331.5亿吨的25.1%，远超其他国家，如美国和欧盟分别排放61.5亿吨和41.4亿吨，分别占全球的18.5%和12.5%。

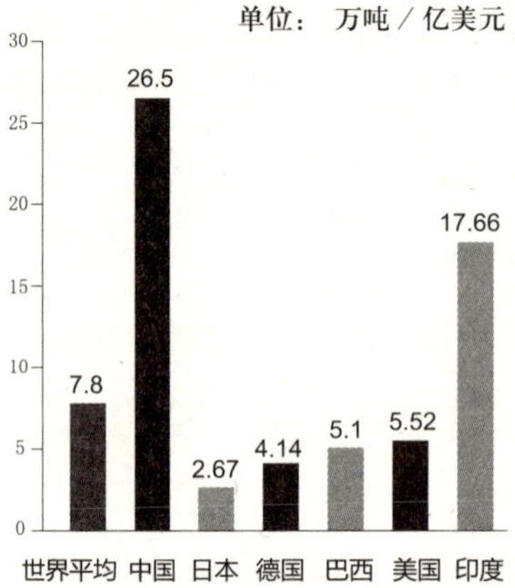

2008年世界主要国家每亿美元二氧化碳排放量

主要国家历年CO_2排放量（单位：百万吨CO_2）

	1990	1995	2000	2005	2008
中国	2211	2986	3038	5068	6508
美国	4869	5139	5698	5772	5596
欧盟27国	4054	3804	3831	3973	3850
印度	591	785	981	1160	1428
巴西	194	240	302	326	365
南非	255	277	299	331	337
英国	549	517	524	532	511
德国	950	869	827	811	804
俄罗斯	2179	1575	1506	1516	1594
日本	1064	1148	1184	1221	1151
加拿大	432	465	533	559	551
澳大利亚	260	285	339	389	398
韩国	229	359	421	468	501
附件1国家	13905	13172	13758	14141	13904
非附件1国家	6447	7925	8916	12044	14445
全球	20965	21794	23497	27129	29381

数据来源：国际能源署（IEA），CO_2 Emissions from Fuel Combustion 2010。

温室气体排放总量的快速增长，使我国在国际气候谈判中处于被动局面，来自发达国家的压力越来越大，最不发达国家和小岛国等受气候变化影响最为严重的国家在国际气候谈判中的立场与中国也相去甚远。从国内来说，气候变化的影响也日益凸显，极端天气使中国遭受的损失逐年增加。同时，大量的化石能源消耗也引起了严重的环境污染问题，煤燃烧对中国空气质量和水环境造成了严重影响，汽车尾气排放已经成为大城市的主要环境问题之一。因此，在能源安全、气候变化和环境污染的三重威胁之下，走绿色低碳之路已经成为中国发展的必由之路。

在能源安全、气候变化和环境污染的三重威胁之下，走绿色低碳之路已经成为中国发展的必由之路。

四、中国的政策与行动

作为负责任的发展中大国，中国政府高度重视气候变化问题，从战略上积极布署应对气候变化的措施，并加强政策的制定和落实，推动应对气候变化进程。十七大报告明确提出，要“加强应对气候变化能力建设，为保护全球气候作出新贡献”，要加强能源资源节约和生态环境保护，增强可持续发展能力，把坚持节约资源和保护环境作为基本国策。2006年，在《“十一五”规划纲要》中，首次把能源强调作为约束性指标列入规划，规定到2010年单位国内生产总值能耗比2005年下降20%左右。2007年，中国作为发展中国家第一个制订并实施了应对气候变化的国家方案。2009年，中国确定了到2020年单位国内生产总值温室气体排放比2005年下降40%—45%的行动目标。2011年3月，全国人大通过的《“十二五”规划纲要》，强调以科学发展观为主题，以经济发展方式的转变为主线，在发展模式、发展战略、发展思路上将实行一系列的重大转变，其中包括建设低投入、低能耗、高产出的资源节约型和环境友好型社会的发展

要“加强应对气候变化能力建设，为保护全球气候作出新贡献”，要加强能源资源节约和生态环境保护，增强可持续发展能力，把坚持节约资源和保护环境作为基本国策。

模式。《“十二五”规划纲要》（以下简称《纲要》）还专门针对气候变化问题提出了目标，首次将单位国内生产总值二氧化碳排放量降低17%作为约束性指标，同时将单位国内生产总值能源消耗降低16%和非化石能源占一次能源消费比重达到11.4%也列入约束性指标。《纲要》明确指出，要深入贯彻节约资源和保护环境基本国策，节约能源，降低温室气体排放强度，发展循环经济，推广低碳技术，积极应对全球气候变化，促进经济社会发展与人口资源环境相协调，走可持续发展之路。并从控制温室气体排放、增强适应气候变化能力、大力推进节能降耗等多个方面提出了明确要求。2011年12月，国务院发布了《“十二五”控制温室气体排放工作方案》，明确了2015年前中国控制温室气体排放的总体要求和主要目标，提出要综合利用多种控制措施，并要加大组织领导和评价考核力度。除进一步落实“十二五”单位GDP碳排放目标外，还要求控制非能源活动的温室气体排放，完善应对气候变化政策体系、体制机制，建立温室气体排放统计核算体系和碳排放交易市场，开展低碳试验试点，加强应对气候变化能力建设。

近年来，在国家政策的引导下，中国应对气候变化取得了积极进展，“十一五”期间，通过调整产业结构和能源结构、节约能源、提高能效、增加碳汇等多种途径有效地控制了温室气体排放，仅节能一项减少二氧化碳排放14.6亿吨。中国已经选定广东、辽宁、湖北、陕西、云南五省和天津、重庆、深圳、厦门、杭州、南昌、贵阳、保定八市开展发展低碳产业、建设低碳城市、倡导低碳生活的试点工作，并在北京、天津、上海、重庆四个直辖市，湖北、广东、深圳三省市等开展碳交易试点工作，应对气候变化已经成为中央及地方政府的重要工作内容。

第二节　低碳发展：企业别无选择

企业是国民经济的微观主体，既是能源的主要消耗者，也是温室气体的主要排放源。在化石能源日渐稀缺和气候变化的大背景下，企业既肩负着历史使命，也面临着新的挑战和机遇，低碳革命在即，企业要么华丽转身，要么沉沦于历史的尘埃，要么别无选择。

一、企业的责任

如果将社会经济组织划分为企业、公共机构和城乡居民三大部门，企业作为一个整体，就承担着节能和温室气体减排的首要责任。目前尚没有公开的权威数据说明企业的能耗和温室气体排放占全社会能耗和温室气体排放总量的比例究竟是多少，但可以做一个大致的估算。据统计，2010年，中国工业领域能源消耗为21亿吨标准煤，占全社会总能源消耗的65%，而工业领域的能耗全都是企业的能耗。在交通领域，公共机构的公务交通和居民家庭轿车的能耗远远低于交通运输企业在长途货物及旅客运输和城市公共交通中的能耗。在建筑领域，大型商贸企业和各类服务性企业的公共建筑能耗至少不低于公共机构的公共建筑能耗与居民居住建筑能耗之和。在农业和采掘业中，尽管中国存在大量家庭农户从事农业生产，但由于多数农户仍然以人力和畜力为主，所以与大型农业企业和采掘业企业相比，农户农业生产能耗在整个农业和采掘业中的比重仍然很低。综合上述分析，按照最保守的估计，企业的能耗在全社会总能耗的比重至少在80%，相应地，企业与能源相关的温室气体排放量占排放总量的比例也应在80%以上。根据中国社会科学院城市发展与环境研究所在江西新余市的调研结果，企业能耗在全社会总能耗中的比例大约在90%以上。考虑到大城市拥有轿车的家庭比例较高及北方住宅冬季采暖等因素，北方大城市企业能耗在全社会总能耗的比例会略低。虽然北京作为全国政治中心和以服务业为主的城市，企业能耗的比例或许更低一些，但仅

如果将社会经济组织划分为企业、公共机构和城乡居民三大部门，企业作为一个整体，就承担着节能和温室气体减排的首要责任。

企业是节能减排知识的生产和推广者，企业比普通居民拥有更多的专业知识，居民节能减排的普及，节能产品的推广，都有赖于企业的意愿和行动。

仅是一个特例。总的来看，企业作为一个整体，是最主要的能源消耗部门和温室气体排放源。不仅如此，由于居民生活能耗多为满足基本需求，加之数据可获得性、监测核查成本等因素，对居民只能引导其采取节能低碳的生活方式，难以施加强制性的节能减排任务。因而，企业必然要承担几乎全部的节能和控制温室气体排放的责任。

企业不仅要承担自身节能减排的责任，而且还要承担着节能减排的社会责任。首先，企业是能源的供给者。以电力为例，发电企业是电力的供给者，非发电企业、公共机构和居民都是电力的被动接受者。发电企业以多少燃料发电，以多高的效率发电，电力用户无从知晓，也无法选择（欧洲部分国家的电力用户可以选择使用风能、太阳能等零碳电力）。电力用户要节能和控制温室气体排放，只能选择控制用电量。其次，企业是各类建筑、装备、器具的生产者。建筑、装备和器具都具有很强的锁定效应，比如说，建筑开发商开发一栋住宅，该住宅是否节能，居民并不知情。如果该住宅的外维护结构没有使用节能材料，除非再进行节能改造，否则居民将在建筑的生命周期内接受高耗能的现实，不管居民自身怎么努力节能，在相同的生活品质下，他都要比在节能建筑里生活的居民耗费更多的能源。同样，对于锅炉、汽车、冰箱、灯泡等等，用户一旦选用，便接受了这些设备的能耗性能。所幸的是，现在很多设备已经有能效标志，消费者可以进行选择。再次，企业是技术创新的主体，企业技术研发的方向和能力，决定了其下游产品生产、使用的能效状况。企业在节能减排领域投入资金的多少，将决定整个社会的节能减排效果。最后，企业是节能减排知识的生产和推广者，企业比普通居民拥有更多的专业知识，居民节能减排的普及，节能产品的推广，都有赖于企业的意愿和行动。

二、低碳革命的到来

正如《第三次工业革命》的作者杰里米·里夫金所说，我们正处在第二次工业革命的最后阶段，第三次工业革命即将到来。工业革命从来都与能源的利用方式相关，第一次工业革命源于蒸汽机的发明，蒸汽机和煤炭成为第一次工业革命的标志，人类进入“蒸汽时代”。内燃机、石油、汽车等是第二次工业革命的标志，人类进入“电气时代”。第三次工业革命依旧与能源相关，目前普遍认为，第三次工业革命的标志应当是风能、太阳能、生物质能、地热、潮汐能等清洁能源技术的大规模推广应用，人类将进入“后碳时代”。不管清洁能源技术的大规模应用是否可以被称为“第三次工业革命”，“低碳”本身都可以算作是一场新的革命。

最早提出“低碳经济”概念的是2003年英国发布的能源白皮书《我们能源的未来：创建低碳经济》，它将低碳经济描述为一种以低能耗、低污染为基础的绿色生态经济，其实质是通过清洁能源技术和节能技术的应用，使温室气体排放与经济增长“脱钩”，减缓气候变化，并使人类摆脱对化石能源的依赖。低碳经济的概念一经提出，立即引起了国际社会的积极响应。2006年出版的《斯特恩报告：气候变化经济学》高度赞赏低碳经济，呼吁全球向低碳经济转型。2007年巴厘岛会议上，多国政府和学术机构举办低碳经济论坛，低碳成为当时的热门词汇。2008年联合国环境规划署将世界环境日的主题选定为“戒除嗜好，发展低碳经济”。2010年温家宝总理在《政府工作报告》中明确指出“要努力建设以低碳排放为特征的产业体系和消费模式”。低碳发展已经成为国际国内不可阻挡的大趋势。

低碳发展源于人类对气候变化和能源安全的忧虑而催生的清洁能源技术的应用，但其影响远远超越了能源领域，它将引起的是一场涉及能源利用模式、生产方式、国际贸易、生活方式、价值观念、社会文化和国家权益的全球性革命。清洁能源技术的不断创新和推广应用，将改变大规模集中生产和长距离传输的能源生产与供应模式，取而代之的将是小型分布式智能电力网络。制造业也将趋于小型分散化的扁平链条式结构，建筑和交通工具不再只是耗能单位，也将是能源生产和储能设施。绿色、节约将成为主流价值观念和消费取向，小型分散的能源利用模式和生产方式还将推动社会生活的民主化进程，使人类逐步迈向生

低碳发展源于人类对气候变化和能源安全的忧虑而催生的清洁能源技术的应用，但其影响远远超越了能源领域，它将引起的是一场涉及能源利用模式、生产方式、国际贸易、生活方式、价值观念、社会文化和国家权益的全球性革命。

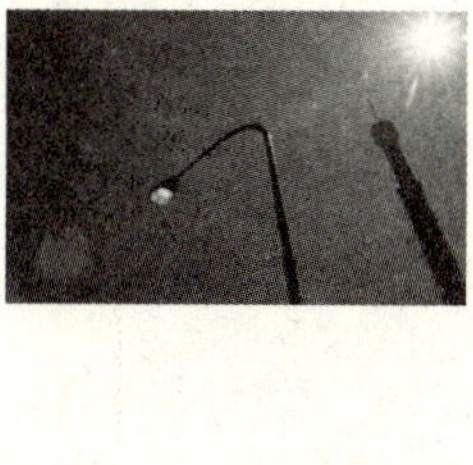

态文明的高级人类文明形态。

三、挑战与机遇

对于建立在第二次工业革命和化石能源基础上的企业，所有的装备、设施、生产方式和管理模式都锁定在旧有的体系中，当低碳革命来临之际，就面临着巨大的挑战。

首先是化石能源日渐稀缺和能源价格的不断上涨。英国石油公司（BP）《世界能源统计2006》的数据表明，按照目前的储采速率，全球石油、天然气和煤炭已探明的储量分别可供开采41年、65年和155年。而中国石油、天然气和煤炭已探明的储量分别可开采15年、30年和81年，地球上的化石能源将在未来几十年内消耗殆尽。由于资源越来越稀缺，开采成本越来越高，化石能源价格呈现快速上升的趋势。国际原油价格在1953—1970年间平均为每桶1.15美元。此后，由于战争原因，国际原油价格出现过巨幅波动，但2002年以后，国际原油价格出现稳步上升的趋势。2002年2月，国际原油平均价格为每桶20美元，2008年7月上涨到每桶147美元。之后由于经济衰退，虽然原油价格有所回落，但仍然维持在高位运行，2012年2月国际原油价格为每桶126美元，是十年前的6倍多。从中国国内煤炭价格来看，也表现为相同的趋势，2002年山西主焦煤的价格是130多元/吨，最高峰时最好的主焦煤达到了1500元/吨至1600元/吨，近两年价格回落，2011年的售价仍为1100元/吨左右，是十年前的8倍多。能源价格的大幅上涨，使企业承受着巨大的成本压力。

其次是更严格的环境政策和管制措施。面对气候变化和能源安全的挑战，许多国家制定了减少或控制温室气体排放的法律法规和政策，实行严格的规制措施。如英国制定的《气候变化法》明确规定，到2050年，英国碳排放总量在1990年的基础上削减80%；到2020年，在1990年的基础上削减26%。该法案还实行严格的碳预算计划，每5年编制一次预算，使企业的减排目标具有强制约束力。德国正在制定新的建筑碳排放标准，已公布的草案显示，到2020年，德国所有的新建建筑必须达到零碳排放的标准。中国“十一五”规划将单位GDP能耗列为约束性指标，“十二五”规划进一步将单位GDP二氧化碳排放量也列为约束性指标。目前，国家正在研究制定能源总量控制目标，北京、天津已经率先实施了能源总量控制措施。同样，在国际贸易中，一些国家将通过较高的环境标准，使一些企业的产品出口受阻。总之，世界各国普遍的趋势是实行更严格的能耗和碳排放管制政策，高能耗、高排放的企业如果不及时转型，将面临巨大的政策压力。

再次，企业将面临上下游客户和消费者选择的压力。一些环境意识较高、转型较早的企业已经开始对上下游供货商或销售商提出环保要求，如沃尔玛实行供应链管理，对供货商制定了严格的环境标准，对达不到环境标准的供货商，将取消其供货资格。在发达国家，越来越多的消费者具有很强的环保意识，在选择商品的时候，将企业的环保绩效作为参考指标之一。英国还专门开发了“碳标签”，要求企业将商品从生产到报废的全生命周期的碳排放标示出来，让消费者根据商品的碳排放情况作出选择。环境意识较高的消费者在选择同一类商品时，将选择碳排放较低的商品。那些在生产同类产品碳排放较高的企业，由于消费者的低碳偏好，将逐步被淘汰出市场。

最后是气候变化使企业的产业链变得更加脆弱。气候变化导致极端天气发生的频率和强度增加，水资源分布将更加不均，农业及其他原材料生产行业将受到严重影响。那些过多物质投入，依赖大宗商品运输的企业，在气候变化的大背景下，生产链条将越来越脆弱。企业只有提高资源利用效率，减少对大量物质投入的依赖，转而依靠科技创新，才能保障生产链条的安全。

低碳革命给每个企业带来了重塑竞争力的新契机。建立在依赖化石能源的生产体系将被打乱，市场将面临重新洗牌，那些在低碳技术创新和管理上先行一步的企业，将抢占下一代产业竞争的制高点。尤其是那些具有后发优势的企业，将赢得“弯道超车”的

面对气候变化和能源安全的挑战，许多国家制定了减少或控制温室气体排放的法律法规和政策，实行严格的规制措施。

环境意识较高的消费者在选择同一类商品时，将选择碳排放较低的商品。那些在生产同类产品碳排放较高的企业，由于消费者的低碳偏好，将逐步被淘汰出市场。

对于已经深陷高能耗、高排放、低效率泥潭的企业，只要有壮士断臂的勇气，就将有机会彻底更新改造升级，从根本上提升企业可持续发展能力。

机会。低碳革命还将诞生新的产业，开拓新的市场，有利于企业培育新的增长点。低碳革命也使企业有机会树立新的形象，构建新的客户群。对于已经深陷高能耗、高排放、低效率泥潭的企业，只要有壮士断臂的勇气，就将有机会彻底更新改造升级，从根本上提升企业可持续发展能力。挑战与机遇同在，企业已别无选择。

第三节　低碳先锋企业：尝试引领

为了引领中国企业低碳发展，推介企业低碳发展的典型经验，树立中国企业形象，为国家制定相关政策提供参考，2010年开始，中国社会科学院城市发展与环境研究所和《21世纪经济报道》联合对中国境内的企业低碳发展情况进行了大量的调查研究，包括如何界定低碳企业，怎样建立低碳企业的评价标准，对企业低碳意识、行动和典型做法进行调研等等。在此基础上，通过专家评比，选出年度低碳先锋企业。这项活动受到了企业的普遍欢迎和广泛参与，也赢得了官员和专家的好评。

一、低碳企业：我们的理解

要评价企业低碳发展成效，首先必须弄清楚什么是低碳企业。目前国内外对低碳企业尚没有明确的定义，我们认为，低碳企业是指这样一类企业：在生产过程中尽可能减少二氧化碳等温室气体排放，在一定技术条件下，以最少的碳排放创造出最多的产品和服务，同时将碳管理贯穿于整个价值链中，对上游供应商提出低碳采购标准，为下游客户提供低碳产品、服务、技术或设备，以降低全社会的碳排放水平。其目的是为了应对全球气候变化，提高碳竞争力，最终实现企业自身和社会的可持续发展。

基于这样的认识，我们试图建立一套评价低碳企业的指标体系。通过调研我们发现，由于企业所处的行业、采用的工艺和生产的产品千差万别，所以很难用一套统一的定量标准来进行评价。首先，跨行业评价是没有意义的，例如钢铁行业与汽车行业，一家钢铁企业即使其能效水平已经达到了国际先进水平，其单位工业增加值的碳排放也可能高于一家能效水平较低的汽车生产企业。但在一个大的经济体中，不可能只生产汽车而不生产钢铁，没有钢铁何来汽车？制造业尚且如此，就更不用说制造业与服务业的比较了。其次，即使在同一行业，由于使用的原材料、采用的生产工艺和生产的产品存在差异，单位工业增加值的碳排放也存在较大差异。例如，同为钢铁行业的两家企业，有可能使用铁矿石生产与废钢不同，也有可能采用短流程工艺与长流程不同，还有可能生产普通钢材与特钢不同。因此，我们在构建低碳企业的评价体系时，对定量指标比较谨慎，且仅限于在同一行业中进行定量比较，而且更多地采用定性指标，尤其侧重于企业的碳管理环节，目的是引导企业加强企业内部的管理，促进企业低碳转型升级。我们评价低碳企业的主要指标是：

1．碳生产力，即单位碳排放所创造的国内生产总值、工业增加值或产品数量（如吨钢、吨水泥等），低碳企业主要产品的碳生产力在同行业中须达到国内领先或国际先进水平。

2．低碳规划和减排目标，低碳企业须制定企业低碳发展规划，包括明确的碳减排目标和实施方案。

3．碳管理，低碳企业要设置“首席气候官（CCO）”等高级碳管理职位和管理体系，对生产过程中的碳排放实行计量、监测和报告制度，并通过第三方进行核查和碳披露；对上游供应商提出低碳采购标准，为下游客户提供低碳产品、服务、技术或设备。

4．低碳投入，低碳企业须在销售收入中拿出一定比例的资金用于低碳技术研发、应用、低碳产品开发和低碳技术改造。

我们认为，低碳企业是指这样一类企业：在生产过程中尽可能减少二氧化碳等温室气体排放，在一定技术条件下，以最少的碳排放创造出最多的产品和服务，同时将碳管理贯穿于整个价值链中，对上游供应商提出低碳采购标准，为下游客户提供低碳产品、服务、技术或设备，以降低全社会的碳排放水平。其目的是为了应对全球气候变化，提高碳竞争力，最终实现企业自身和社会的可持续发展。

5．低碳意识，低碳企业须在企业员工中普及低碳理念、低碳技术规程和低碳管理手册等，并向社会宣传、普及低碳意识。

二、尝试性调查与评选：2010年

2010年，中国社会科学院城市发展与环境研究所和《21世纪经济报道》尝试性地开展了中国企业低碳发展情况调查和评价活动，评价程序与结果如下：

1．调查与评价程序

调查与评价主要分以下几个步骤：第一，由中国社科院城市发展与环境研究所与《21世纪经济报道》对低碳企业的定义进行界定，构建低碳企业评价体系；第二，邀请专家对低碳企业评价体系提出修改意见，完善评价体系；第三，中国社科院城市发展与环境研究所与《21世纪经济报道》研究确定调查范围和行业，分行业设计调查问卷；第四，开展问卷调查；第五，根据问卷调查结果，邀请专家根据对问卷企业的了解和问卷填写情况，对企业打分，评选低碳先锋企业；第六，召开中国企业低碳发展高峰会，公布评选结果，对低碳先锋企业颁奖。程序流程图如下：

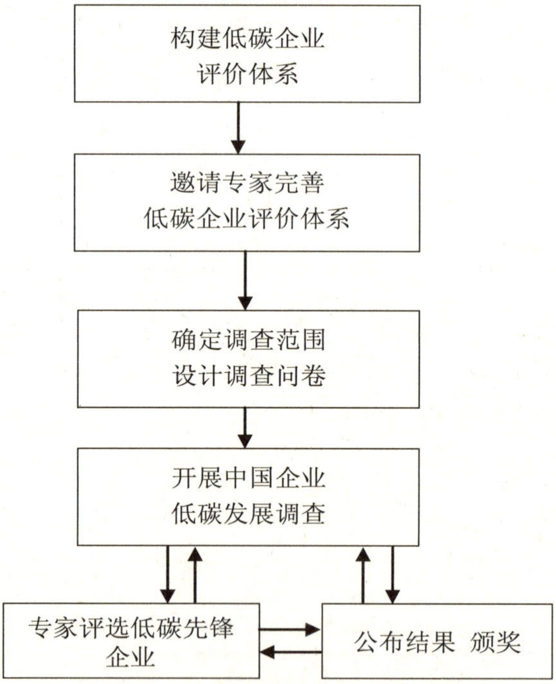

中国企业低碳发展调查与评价示意图

2. 问卷调查

钢铁企业调查表

企业名称：（为确保信息的真实，请加盖公章）			
企业性质： □国有企业 □集体企业 □合资企业/中外合资企业 □外商独资 □私营企业 □股份有限公司 □有限责任公司 □合伙企业 □个人独资企业			
成立时间：		企业人数：	
企业法人：		注册资金：	
地址：		网址：	
联系电话：		联系人E-mail:	
能耗与排放指标	**指标名称**	**计量单位**	**2009年统计值**
	年工业能源总消耗量	万吨标煤	
	单位GDP能耗	吨标煤/万元	
	单位工业增加值能耗	吨标煤/万元	
	吨钢综合能耗	千克标煤/吨钢	
	吨钢可比能耗	千克标煤/吨钢	
	吨钢耗新水	吨/吨钢	
	吨钢二氧化硫排放	千克/吨钢	
	吨钢废水排放	吨/吨钢	
	吨钢COD排放	千克/吨钢	
	吨钢尘排放	千克/吨钢	
	其他____________		
碳减排管理指标	**指标名称**	**内容**	
	是否将低碳发展列入经营战略中？		
	管理层对减排工作的支持力度？是否有专门的低碳或可持续部门及高层管理者？		
	是否对企业进行碳盘查？是否有第三方认证？		
	是否有碳批露报告，如果有，目标是什么？如果没有，未来是否打算做？		
	在生产、管理、销售等环节中，是否推广低碳理念的实践和低碳技术的应用？		
碳减排管理指标	低碳投入和重点工程实施情况		
	低碳技术开发和推广情况		
	碳减排法律、法规执行情况		
	碳减排理念员工熟悉度		
	碳减排技术研发资金投入比率		
	其他____________		

2010年9月至2010年11月，我们对中国境内企业的低碳发展状况进行了问卷调查。我们首先挑选了11个典型行业，即电力、钢铁、化工、汽车、电器、新能源、食品、印刷包装、信息、房地产、金融，另外还有一个综合集团类，共12类。接着，我们针对12类行业的不同特点，分别设计问卷，如钢铁行业问卷见上表。然后，我们根据平时掌握的情况，挑选每个行业里有代表性的企业，有针对性地发放调查表。这次共计发出106份调查表，其中中国企业78家，跨国公司28家（含合资）。在发放问卷的同时，对重点企业还进行上门调查和电话调查。通过这些方式，比较全面地掌握了调查企业的基本情况。

3. 低碳先锋企业评选

调查问卷回收之后，我们组织了评选。由于低碳企业是企业发展的长期目标，目前尚没有企业可以被称为低碳企业。我们评选的是在低碳发展方面的先行者，即低碳先锋企业。在评选过程中，我们邀请了来自中国社会科学院、清华大学、国家发改委能源研究所等低碳领域权威专家和部分行业专家，专家根据企业反馈的调查问卷及自身对企业情况的了解，对调查企业进行打分。根据专家打分结果，2010年共评选出15家低碳先锋企业，分别是：巴斯夫（中国）有限公司、杜邦中国集团有限公司、富士胶片（中国）投资有限公司、国家电网公司、海尔集团公司、广东格兰仕集团有限公司、广汽本田汽车有限公司、利乐（中国）有限公司、理光（中国）投资有限公司、通用电气（中国）有限公司、兴业银行、万科企业股份有限公司、英利绿色能源控股有限公司、中国汇源果汁集团有限公司、招商局地产控股股份有限公司。

企业战略指标	企业低碳发展战略
	企业低碳发展战略与业绩增长
低碳管理指标	高效的低碳管理相关联部门工作机制
低碳战略执行指标	企业低碳投入和重点低碳项目有效实施
	低碳产品与服务绩效
低碳能力建设指标	企业低碳意识与低碳文化
	建立低碳评估机制（包括第三方）
经营指标	企业低碳产品与服务市场竞争力与业绩
	企业低碳与服务核心技术能力
输送低碳能力指标	企业产品与服务对客户的低碳绩效
低碳能力建设指标	企业低碳意识与低碳文化

4. 中国企业低碳发展高峰会

2010年12月2日，《21世纪经济报道》与中国社会科学院城市发展与环境研究所在北京联合主办了“碳金中国策”——中国企业低碳发展高峰会。来自全国政协、国家发改委、工信部、环保部、住建部、国家林业局等相关部委的领导以及中国工程院、中国社科院等机构院士与著名专家以及芝加哥气候交易所CEO等国内外企业代表参加了会议。专家们就中国企业的低碳发展现状与趋势、企业低碳发展转型、气候变化对企业发展的影响、低碳发展贸易壁垒应对、首席气候官与企业可持续战略制定等话题发表了精彩演讲。会议最后对2010年度中国低碳先锋企业进行颁奖。这次会议得到了各界的高度评价，引领了低碳转型发展的风向，激励了低碳发展先行企业的信心和决心。

三、2011年调查与评选

2011年9月至2011年11月，中国社会科学院城市发展与环境研究所和《21世纪经济报道》再次对中国境内企业低碳发展状况进行了调查，本次调查共选取了电力、化工、钢铁、汽车、房地产、金融、信息产业、印刷包装、电器、食品（饮料）、新能源等行业以及综合性集团公司共12个类，共计收回近百份调查表，其中中国企业56家，跨国公司42家（含合资）。在调查的基础上，我们再次组织专家打分评选，2011年度评选出18家企业为低碳先锋企业，5家企业为清洁技术先锋企业，以及1名企业最佳气候官。

企业战略指标	企业低碳发展战略如何？	
	企业低碳发展战略对业绩的影响	
低碳管理指标	低碳管理相关联部门及其主要职责，工作机制	
	企业低碳产品、服务列举，成效如何？在公司经营中的重要程度？	
	企业低碳投入和重点低碳项目实施情况	
	能源（电力）使用情况，是否有使用清洁能源？	
	企业在供应链把控上有无低碳举措，有哪些？	
	企业在资源循环利用上做了哪些工作？ （包括但不限于资源包括废气、电、水、固废、纸张等）	
	企业产品、服务在使用过程中节能、减排情况	
低碳战略执行指标	节能法律、法规执行情况	
	碳减排理念员工熟悉度，是否有相应的培训？	
	企业低碳氛围、文化的建设（环保活动参与）	
	企业是否有成文的可持续发展报告？	
绩效指标	企业主要排放指标下降幅度或制定的减排计划执行情况	单位GDP 能耗下降幅度
		单位GDP 能耗下降幅度
		单位GDP 能耗下降幅度
	（补充资料）	
	企业是否进行碳足迹盘查？	
	企业在低碳领域对中国的贡献概述	

1. 2011低碳先锋企业

2011低碳先锋企业有：大唐电信科技产业集团、众泰控股集团有限公司、北京银行股份有限公司、中兴通讯股份有限公司、青岛啤酒股份有限公司、中国平安保险（集团）股份有限公司、招商局地产控股股份有限公司、德意志银行（中国）有限公司、科勒（中国）投资有限公司、通用电气（中国）有限公司、巴斯夫（中国）有限公司、施耐德电气（中国）有限公司、拜耳（中国）有限公司、方兴地产（中国）有限公司、三星（中国）投资有限公司、香格里拉酒店集团、金红叶纸业集团有限公司、海尔集团公司。

2. 2011清洁技术先锋企业

2011清洁技术先锋企业有：英利绿色能源控股有限公司、阿尔斯通（中国）投资有限公司、艾默生贸易（上海）有限公司、北京合力清源科技有限公司、北京万邦达环保技术股份有限公司。

低碳战略执行指标	企业主营产业以及主要产品、服务
	企业产品、服务的市场占有率、所覆盖范围（产品、服务销售范围）
	企业技术概述（详细阐述企业技术水平、领先水平）
	企业低碳投入和重点低碳项目实施情况
	企业产品、服务在使用过程中节能、减排情况
绩效指标	企业是否有成文的可持续发展报告，或者其他环保、低碳方面的总结机制？
	产品、服务所产生的环境绩效核算（量化产品、服务降低能耗、减少排放折算量）
	降低能耗量折算
	减少排放量折算（包括气体、固废等相关项目）
	企业产品、服务的效果评估综述（包括产品、服务产生的贡献）

3. 2011最佳气候官

广汽本田汽车有限公司执行副总经理姚一鸣当选为2011最佳气候官。

广汽本田汽车有限公司执行副总经理姚一鸣

4. 21世纪低碳中国发展高峰会

2011年12月6日，《21世纪经济报道》联合中国社会科学院城市发展与环境研究所在北京共同主办了“21世纪低碳中国发展高峰会（2011）”。作为“十二五”的开局之年，2011年最为醒目的关键词是“清洁发展”。清洁发展作为新的发展模式，不仅是实现全球减排目标的战略选择，而且也是保证经济持续增长的有效途径。对商业来说，全球性的气候变化既是一种挑战，也是一个机会；有远见者不会被动迎战，而是在这场全球性的绿色机遇中，主动寻找挖掘“绿金”的路径，清洁发展正是这场世纪大比拼的主战场。

对商业来说，全球性的气候变化既是一种挑战，也是一个机会；有远见者不会被动迎战，而是在这场全球性的绿色机遇中，主动寻找挖掘“绿金”的路径，清洁发展正是这场世纪大比拼的主战场。

本届高峰会主题为“以清洁发展为新增长坐标”。集政策制订部门、相关专家学者、NGO组织以及企业界杰出代表于一堂，共同探讨中国实现清洁发展之策。峰会现场还发布了由中国社会科学院城市发展与环境研究所与《21世纪经济报道》共同推出的《2011中国企业低碳发展报告》。

第二章　企业低碳发展战略

企业可以根据自己所处行业的特点，企业自身的发展阶段，制定不同的低碳发展战略。企业低碳发展战略的制定涉及的主要内容包括：企业面临的风险和机遇分析，制定和实施低碳发展战略的方法学，实施低碳发展战略的能力建设，对实施结果的跟踪、评估和广泛合作对外交流，实施低碳发展战略的资金筹措和政策建议六大部分。

“风之后是风，天空之上是天空，道路前面是道路。”

前面的道路是什么？

“我们给未来的礼物是绿色创新和绿色技术。”这是西门子全球总裁罗旭德对西门子低碳战略的定位。

毫无疑问，企业低碳发展是未来经济的引擎。在很大程度上，低碳发展、绿色发展可以同时解决所有危机，包括经济危机、能源危机和环境危机。

企业低碳发展是未来经济的引擎。在很大程度上，低碳发展、绿色发展可以同时解决所有危机，包括经济危机、能源危机和环境危机。

就西门子公司而言，其绿色相关业务组合在2011年实现了大约300亿欧元的营收，占其总销售额的41%。

不同的企业如何在新的发展趋势中找到自己的位置？

企业可以根据自己所处行业的特点、企业自身的发展阶段，制定不同的低碳发展战略。比如从降低能源成本开始，到规避气候变化的风险和声誉损失、创造应对气候变化的收益和研发低碳产品来保证可持续的竞争力，并逐步将低碳发展作为企业的整体战略，从而获得新的发展机遇。

第一节　企业低碳发展战略的制定

企业低碳战略的制定，第一，要分析企业低碳战略的必要性和急迫性；第二，对企业的温室气体排放进行核算盘查，制定减排目标；第三，识别潜在的减排环节，制订减排计划；第四，推动低碳技术和产品的研发。

一、具体的制定过程

企业低碳发展战略的制定涉及的主要内容包括：企业面临的风险和机遇分析，制定和实施低碳发展战略的方法学，实施低碳发展战略的能力建设，对实施结果的跟踪、评估和广泛合作对外交流，实施低碳发展战略的资金筹措和政策建议六大部分。

1. 企业面临的风险和机遇分析

对企业而言，低碳时代既给企业带来了风险，也给企业引入了众多的发展机遇。涉及的风险主要包括法规政策风险、市场风险、资源供应安全风险、技术的更新和替代、产业链营商环境的变化等。

在机遇方面，包括法规政策机遇、新兴市场机遇、全新的赢利模式、提升企业竞争力和形象等。从战略高度上来讲，将应对气候变化纳入到企业运营管理的决策之中，不仅能够减少气候变化所带来的风险，而且还能在降低能耗、减少排放的同时，提高企业的资源利用效率，开发低碳产品，赢得消费者和市场的认可，增强国际国内市场竞争力，获取更高的经济效益，并最终实现企业的可持续发展。

2. 制定和实施低碳发展战略的方法学

在充分认识企业面临的风险和机遇的基础上，对企业的温室气体排放情况进行详细的核算盘查，确定温室气体排放清单。在碳排放计算结果的基础上制定排放基准，规划减排目标。温室气体盘查是指利用数学工具计算企业组织层面和产品层面所排放的CO_2、甲烷等6种温室气体的排放量。在计算碳排放的基础上，编制企业/组织温室气体排放清单。

建立温室气体数据收集及管理体系是企业实施与开展低碳发展战略的基础，要是缺乏完备的温室气体数据收集及管理体系，企业的低碳战略也无从谈起。这一系统应包括数据需求系统、数据源的鉴别系统、数据收集责任制、数据质量控制系统以及数据库系统。

需要特别强调的是，计算碳排放本身并不是目的，减少碳排放才是要实现的最终目标。因此，要在实施温室气体排放盘查的基础上，识别潜在的减排环节，分析可行的减排措施，制订减排实施计划。

计算碳排放本身并不是目的，减少碳排放才是要实现的最终目标。

3. 实施低碳发展战略的能力建设

企业低碳发展是一个转型的过程，需要包括观念、制度、政策、管理等全方位的转型，因此，企业必须加强自身的机构能力建设，尤其是企业高层应首先提高低碳意识。企业低碳发展战略的成功实施离不开企业高层领导的重视和支持，为此，企业应成立由高层领导参与的低碳领导小组，具体负责低碳发展战略的制定、实施、监督、考核和对外交流，并将低碳纳入企业的管理和考核体系。此外，企业还应加强低碳文化建设和员工低碳意识培训。

企业低碳发展是一个转型的过程，需要包括观念、制度、政策、管理等全方位的转型，因此，企业必须加强自身的机构能力建设，尤其是企业高层应首先提高低碳意识。

4. 对实施结果的跟踪、评估和广泛合作对外交流

在实施低碳发展战略的过程中，企业不仅需要对其实施情况进行实时跟踪，而且还需要对其实施的有效性和成果进行科学评估，以便实现最小成本化的碳减排。

此外，企业将所有上述活动进行对外披露，也是让众多利益相关者信服并提升企业形象的良好途径。一些向低碳快速转型的公司，充分认识到了碳测算、碳信息披露与碳管理可以创造商业价值。这对那些想提前应对未来监管要求，到国际市场上参与竞争的公司是非常重要的。世界范围内有越来越多的消费者和投资者希望公司能够实施气候变化应对战略。因此，高瞻远瞩的公司应未雨绸缪，把握先机，赢得成功。

世界范围内有越来越多的消费者和投资者希望公司能够实施气候变化应对战略。因此，高瞻远瞩的公司应未雨绸缪，把握先机，赢得成功。

企业还应积极参与国家和地方针对节能低碳政策的制定。一个在节能低碳领域成绩卓著的企业，将会成为制定政策的标杆，其在同行业中的作用也将举足轻重。

5. 实施低碳发展战略的资金筹措

企业低碳发展战略的实施，不可避免地会遇到资金的问题。此时，有效地运用金融工具，不仅能保证企业低碳发展战略的成功实施，而且能降低企业风险，创造更多的利润。企业可以从银行信贷、供应链金融、合同能源管理、清洁发展机制和碳市场等方面，进行低碳发展战略的资金筹措。

6. 政策建议

根据我们的调查，针对企业实施低碳发展战略的主要困难，几乎所有企业都提到两个难点：一是缺乏资金；二是缺少激励政策。

为此，国家和地方政府应尽快在金融、财政、税收和节能计量等方面出台政策，以推进企业的节能减碳工作，如出台有助于金融机构明确支持、鼓励金融机构为节能资金开发新的担保方式，推广节能计量的独立第三方认证机制等政策。而对广大的供应商而言，由于多为中小型企业，地方政策对其影响甚大，因此地方的节能减碳政策应更具指导性和激励性，而不是采取“一刀切”的管理模式。

二、企业低碳战略的收益

企业低碳发展战略，绝不仅是增加成本支出，著名学者彼得•圣吉在《必要的革命》一书中较好地阐述了低碳战略对企业发展的具体收益：

1. 可以大幅节约支出

所有行业的各种企业，都通过节能减排节省了大笔费用开支。例如，过去15年间，杜邦公司大力降低温室气体排放和相关能源使用，因此节省了30亿美元，并实现同期业绩增长30%。通用电气通过全公司各部门的努力，降低能源使用，减少温室气体排放，每年总计可节约能源支出7000万美元。

2. 可以获取大幅受益

1990年，杜邦确立了一系列减排的挑战目标。到2004年，全球危险废弃物排放降低超过70%，总耗能降低超过5%。杜邦计算出，在产量增加40%并保证能源支出基本不变的情况下，他们节约的具体数值是30亿美元。这些钱又可以再投到他们认为最重要的、新的创新方案上，并将杜邦从以石油化工为基础转变成以植物为基础的化学原料和新型环境友好产品企业，为企业创造可持续的、良性循环的赢利能力和未来社会的竞争力。

3. 可以为客户提供竞争优势

随着计算机运算容量的成本价格逐年下降，为大型计算机和服务器提供动力和制冷的能源成本将超过这些硬件本身的成本，IBM公司的“大绿色计划”，寻求大幅度降低其数据中心的能源消耗和用户的能源消耗，能为用户节省40%的信息系统成本，进而增加IBM公司的市场占有率。

4. 可以塑造产业的未来

一些公司在应对气候变化方面处于领导者的地位，由此也影响了一些国家对某些产业政策的制定。比如利乐公司在欧洲和巴西的回收政策，就在一定程度上促进了当地政府相关政策的推行。

5. 可以成为优先的供应商

世界领先的企业都了解，要使供应链保持可持续发展的能力，整个供应链上的所有成员都必须大幅减少它们对环境的影响。巴斯夫公司就开展了这样的计划，并帮助供应链的合作伙伴减少排放，减少污染。

要使供应链保持可持续发展的能力，整个供应链上的所有成员都必须大幅减少它们对环境的影响。

6. 可以改变企业形象和品牌

任何产业的企业，无论是小型公司还是大型跨国公司，通过对环保行动的真正投入，都可以树立他们的声誉和塑造品牌。通用电气最初承诺将其用于环境友好的“绿色畅想”系列产品的年度研发投入翻一番，达到每年15亿美元，而从宣布之日起，这项投入已经大幅度提高。“绿色畅想”帮助通用电气树立了很好的品牌形象。

任何产业的企业，无论是小型公司还是大型跨国公司，通过对环保行动的真正投入，都可以树立他们的声誉和塑造品牌。

第二节　企业低碳发展战略的选择

从我们对2010年和2011年的企业低碳发展调研报告分析可以看出，中国工业节能类的企业以合规为目标的居多，主动采用低碳技术或研发低碳技术与产品的不多见；跨国公司在华企业及一些中国家电类的企业已经有较好的低碳战略和产品以及较为完备的组织架构，并形成了可持续的绿色竞争力；中国房地产行业的重点公司也有较好的低碳发展目标。

我们对重点行业和公司进行了如下分析。

一、整体推进低碳发展战略

这类企业通常为大企业集团，对于全球发展有较为清晰的前瞻认识，尤其是对于应对气候变化，较早就开始研究分析，在现阶段已经形成了整体的低碳可持续发展战略、明确的减排目标和详细的规划。

比如，巴斯夫公司就已经制定了整体低碳发展战略。巴斯夫1865年创建于德国，目前是世界最大的化工企业，也是国际化工企业在中国最大的投资商之一，主要经营的业务范围包括石油和天然气、涂料和染料、化学品、塑料和纤维等众多领域。

巴斯夫最初分析世界市场趋势时，就注意到了未来的五大发展方向：人口、住房、城市化、交通、食品与健康。

按照巴斯夫对于全球和市场的判断，他们在这五大发展方向的分析中得出，最有效的企业战略是实施可持续发展的低碳战略，并将此作为公司的核心战略。

巴斯夫确保通过提供可持续的产品和服务，力图将经济发展、环境保护和社会责任有机地结合起来，为自身及客户创造收益及竞争优势。全面核算生产过程中的温室气体排放量，全面统计公司的碳平衡状况，并且制定出环境目标。

在2010年，巴斯夫就有70亿欧元的销售来自于绿色产品，占到总销售额的12%，而这些产品被严格定义为：帮助客户减排的幅度需超过生产过程中排放额的两倍。

2010年，巴斯夫已提前实现了在2020年每吨售出产品的温室气体排放量在2002年的基础上减少25%的目标。目前，巴斯夫已制定了温室气体排放新目标：到2020年，每吨销售产品的温室气体排放量在2002年的基础上降低40%。同时，巴斯夫已于2011年提前完成了到2020年生产流程中每吨售出产品的能源效率在2002年的水平上提高25%的目标。为了进一步提高巴斯夫运营过程中（除原油和天然气业务）的能源效率，巴斯夫制订了新目标，即到2020年，在全球范围内将能源效率在2002年的基础上提高35%。

巴斯夫首席气候官冯德森说："我们投入了5亿欧元的研发资金在能效相关的产品中，我确定我们可以提高巴斯夫在这些方面产品的销售。"

化工领域的另一代表企业杜邦也较早地实施了整体的低碳发展战略。

杜邦公司成立于1802年，是美国大型化学公司。杜邦公司建立了完善的HSE，即健康（Health）、安全（Safety）和环境（Environment）三位一体的管理体系。

20世纪90年代，杜邦公司在全球工业界率先提出"零排放"的目标，将"零废物、零排放"确定为公司在21世纪对社会大众的终极环境承诺。公司还承诺，以2004年为基准（1720万吨CO_2当量），到2015年，还将减少15%的温室气体排放量。

杜邦的首位可持续发展官Linda J.Fisher表示，杜邦在20世纪90年代提出的面向2010年的四大目标，与在2006年公布的面向2015年的可持续发展目标，有很大不同。20年前设立的目标是环境目标，也就是节能减排的目标；而到2015年的目标，体现的是对可持

巴斯夫最初分析世界市场趋势时，就注意到了未来的五大发展方向：人口、住房、城市化、交通、食品与健康。

巴斯夫首席气候官冯德森说："我们投入了5亿欧元的研发资金在能效相关的产品中，我确定我们可以提高巴斯夫在这些方面产品的销售。"

续发展的承诺，目标也从传统的减少环境印迹，扩展到以市场为导向的营收和研发投资目标，把可持续发展目标与业务增长紧密相连，尤其是为全球各大市场开发更安全、更具环境友好性的新产品。

这些以市场为导向的营收和研发投资目标包括：到2015年，杜邦针对环保市场机遇的研发投资翻一番，使产业价值链上的客户和消费者获得直接的、可计量的环境效益；到2015年，通过为客户提供能效高、大幅度减少温室气体排放的产品，杜邦的年收益将至少增加20亿美元。预计这些产品将为杜邦的客户和消费者减少相当于4000万吨以上的二氧化碳气体排放量，到2015年，杜邦通过使用可再生资源所获收益将翻一番，至少达到80亿美元；到2015年，杜邦将推出至少1000种新产品或新服务。

杜邦推行企业的可持续发展低碳战略，积极地为企业创造了面向未来的利润增长点。

作为全球最大的综合电子类企业之一，西门子公司也是整体低碳发展战略的实施者。

在2012年4月的德国汉诺威工业博览会的展馆里，西门子巨大的展台上，“Connecting productivty and efficiency”的标语随处可见，字面翻译可为“兼顾生产力和能效”，而西门子人把此次展览称为“绿色引领创新”。

对未来几十年全球发展趋势，西门子有四种认识：一是全球化，全球贸易和分工的趋势使得全球经济、政治、文化和其他生活领域越来越多地相互依赖。二是气候变化，气候变化威胁着人类和生物圈，不采取行动的代价将远远超过早日采取行动的代价。三是城市化，2050年城市人口预计占全球人口的70%，2010年这一比例为50%。四是人口结构的老龄化，全球人口大幅增加，2050年将达到90亿，而2010年这一数字为70亿，到2050年，65岁以上的那一代人将增至三倍多。

基于对这四种趋势的认识，西门子陆续从20世纪90年代起剥离一些基础制造部门的业务，推动可持续发展市场，建立整体低碳绿色发展战略。凡是属于这四个趋势的，就大力投资，力求建立数一数二的竞争位势；凡不属于这四个领域的业务，则逐渐淡出、剥离。由此，西门子在2011年10月最终确定相对应的四大部门：工业、能源、基础设施和城市、医疗。

大约在2005年，西门子就推出了“与环保相关业务组合”。西门子从其当前全线业务组合中选取了部分产品和解决方案，形成“西门子与环保相关业务组合”，从而为客户通过采用该组合中的产品实现制定二氧化碳减排的量化统计依据。

西门子公司的环保组合产品涵盖整个能源转换链——从发电、输电，到能源节约和应用、节能服务，以及作为环境技术净化空气和清洁水源，还包括医疗、楼宇建筑及照明等业务部门的节能方案。而在工业领域，自2011年9月以来的近半年时间，西门子工业部门在全球收购了5家IT工业与软件供应商，旨在通过集成的解决方案，帮助客户在制造产品的整个生命周期中实现节能。

西门子公司的环保组合产品涵盖整个能源转换链——从发电、输电，到能源节约和应用、节能服务，以及作为环境技术净化空气和清洁水源。

全线转向使得西门子的绿色经济发展迅猛。西门子德国首席执行官Siger表示，2011年环保组合的总收入达到299亿欧元，占公司总收入的40%，2011年帮助客户实现3.17亿吨CO_2的减排量。他预计，2014财年西门子绿色经济的收入目标将达到400亿欧元。

二、低碳产品战略

实行低碳产品战略的公司通常为某行业的领先企业，开始采用低碳技术，推出自己的低碳产品，逐渐对产品实现全生命周期碳排放的管理，并把低碳消费作为企业的营销思路和方向。在与消费者的接触面上，企业在满足消费者对产品使用价值需求的前提下，引导消费者的使用行为以延伸产品的低碳效能。

实行低碳产品战略的公司通常为某行业的领先企业，开始采用低碳技术，推出自己的低碳产品，逐渐对产品实现全生命周期碳排放的管理，并把低碳消费作为企业的营销思路和方向。

比如，国内知名家电企业格兰仕，为抢占低碳市场先机，提出了低碳发展的四个原则：

1. 坚持长期、持续的低碳发展方针，将低碳作为行业长期的发展方向和技术、产品革新的推动力。

2. 坚持自主创新，积极依靠自身力量，不断研发新的低碳技术，设计新的低碳产品，保证行业低碳化发展的活力与动力。

3．坚持以市场需求为导向，努力设计生产受市场欢迎的、具有高性价比和高享受特点的低碳产品，推动家电行业和市场的健康快速发展。

4．坚持社会效益和经济效益相结合，通过低碳化发展，提高行业的国际竞争力和盈利能力；同时，提高大众的生活品质，推动社会的可持续发展。

格兰仕从最初的研发设计环节开始，到融入低碳理念、使用低碳环保材料、采用低碳化的生产工艺，并已经在低碳产品认证中大胆试水，其出口法国的四款微波炉在2008年就做了碳足迹标签。

中国家电企业的另一个积极开发低碳产品的代表企业——海尔集团，长期以来奉行“绿色设计、绿色制造、绿色回收和绿色经营”的绿色战略与低碳理念。在原材料采购方面，依据实施绿色采购基准；在生产过程中，以低能耗、低排放为目标全面打造符合环境要求的绿色产品，同时建立废弃产品的回收再利用体系。涉及从产品的设计、制造、运输、使用，到回收再利用的全产品生命周期的碳排放。

目前，海尔冰箱、波轮洗衣机、滚筒洗衣机三个白电产品都通过了环保部的低碳产品认证，并获得环保部颁发的“中国环境标志低碳产品001号认证证书”。

日本企业富士胶片也是成功低碳转型的典范。其低碳战略覆盖了产品生命周期中的5个阶段。富士2005年的企业碳排放量是500万吨，依据富士的规划，到2020年要在2005年的基础上将企业的排放量从500万吨，减少到350万吨，这意味着要削减30％。

富士认为，到2020年的长期目标，在一定程度上明确描绘了企业未来的发展蓝图。富士正以到2020年的长期目标为导向，在整个集团内的所有事业领域及全球范围内的所有工厂、分公司内，根据当地的事业特性及地区的实际情况，设定相适应的“重点实施事项”，具体到在产品及服务的生命周期中的5个阶段（原料采购、制造、运输、使用及废弃、循环）中进行减碳，其中削减量最多的是在制造和使用环节。

具体而言，富士采取了四类措施：

1．开发及普及可减少环境负担的产品（涉及环节：原材料采购、使用、废弃物再循环利用），如在印刷领域开发出无须显像处理、可完全实现免处理的CTP版材（计算机直接制版），在文件处理领域，与2005年相比，一台机器的电力消费可减少80%的办公设备，通过这些新产品可减少用户在使用时对环境造成的负担。

2．削减工厂及办公室的二氧化碳排放量（涉及环节：制造），比如，在荷兰公司采用风力发电设备；在美国公司扩大对沼气燃料的运用、采用节能型照明、在生产过程中开发节能型技术等。

3．积极开展3R（Reduce、Reuse、Recycle，涉及环节：原材料采购、废弃物再循环利用），如对机械零部件的再利用，包括海外事业分支在内的再循环体系的展开，扩大在印刷版材（PS版、CTP版）生产过程产生的铝材边角料的再循环利用等。

4．提高物流效率（涉及环节：运输），包括选择最合适的运输地点、运输路径、提高积载率、推进运输方式转换（modal shift）、捆包的轻量化集约化和“环保驾驶”（eco-driving）等。

三、低碳产业链战略

在一些行业，供应链上下游的低碳、可靠、安全对企业非常重要，这些企业选择实施低碳产业链的战略。

在一些行业，供应链上下游的低碳、可靠、安全对企业非常重要，这些企业选择实施低碳产业链的战略。

国内著名食品企业——汇源实施了绿色果蔬产业链战略，通过产业转型升级、技术研发、理念培训等多种方式，贯彻执行可持续发展战略。汇源将低碳环保理念贯彻到从源头到生产、销售的每个环节。具体来说：

绿色源头：汇源在其发展过程中，链接了500多万亩绿色水果生产基地和标准化示范果园。

绿色生产：汇源坚持打造绿色工厂，所有工厂均严格执行“三同时”建设标准，即对污水、烟尘治理工程与工厂同时设计、同时施工、同时投入使用。在生产工艺方面，严格执行低排放、高效能标准，通过技术创新、低碳理念培训等方式，实现真正的绿色生产。

绿色消费：采用创新营销、成本控制等多种方式，并大力倡导绿色、健康的消费理念，实现整个产业链条的良性循环。

在汽车企业中，广汽本田较早实施了绿色供应链管理战略，从而实现了人、车、环境的和谐发展。对零部件供应商的管理，是广汽本田环境管理的重点管理项目。2004年，广汽本田采购部开展“绿色采购”行动，要求供应商实行ISO 14000环境管理体系以改善其环境表现，并推行绿色采购。

在产业链下游的特约店层面，2006年11月，广汽本田也启动绿色特约店项目。“绿色特约店”的标准是要求各特约店对日常运营中产生的各类有害废物进行有效管理；对可回收再利用的废物进行循环使用；推广有利环保的新设备、新材料和新工艺；提高能源利用率，减少能源的消耗。自从采用高效节能的照明灯后，店里照明用电量就减少了30%。特约店利用太阳能解决住宿员工的热水供应，利用处理后的废水来进行夏季屋顶喷淋降温和地面绿化浇水，大大地减轻了用电用水的压力，尤其是洗车废水经过三级过滤后的再循环使用，很好地保护了周围的环境。

四、低碳节能战略

一些企业从高碳转向低碳发展中，应用了新的技术和集成方式，制定了低碳节能战略及相应的排放标准。

比如房地产业。根据中国的减碳目标，全国的建筑节能标准节能率需要在2020年达到80%才能实现建筑领域减碳目标，房地产业转型低碳发展已成为必然。

房地产业中“低碳建筑”有两个含义：一是在建筑材料与设备制造、施工建造和公共建筑物使用的整个生命周期内减少化石能源的使用，降低二氧化碳的排放量；二是在施工或者使用过程中采用对环境友好的技术材料，同时节省材料以减少环境污染。使建筑物有效地节能减排并达到相应的标准，是房地产业迎接低碳经济挑战的前提，同时也是我国房地产业健康发展的必由之路。

据欧美发达国家的测算，其所有建筑的建造和使用过程中的能耗占全社会总能耗的50%以上，对二氧化碳的排放起了主导作用。目前，我国建筑相关能耗占全社会能耗的46.7%，其中包括建筑的能耗约占30%。

在长期的传统发展模式的现状下，从高碳向低碳发展要有个转换过程。

从国内最早的零能耗、零碳排放实验楼，到万科研究中心零碳基地，再到绿色建筑的代表万科中心，万科地产一直在探索如何让未来住宅的建造和使用都成为自然生命环境的有机组成部分，正在进行的一些试验将有望大幅度减少建筑过程的资源消耗，也将帮助人们在住房使用中更多地以与自然和谐的方式使用各种资源。

方兴地产绿色战略致力于成为卓越的低碳城市运营商、中国绿色校园开创者、低能耗高品质建筑代表以及温室气体减排领跑者。从2011年起，方兴地产明确规定：

1. 所有新建开发项目均需进行绿色节能专项设计。

2. 所有保障性住房、学校、持有商业建筑均需达到中国绿色建筑标志。

3. 所有20万平米以上综合体开发项目需进行绿色低碳专项设计。

在全球范围内，IT行业已经成为能源消耗的大户，IT产品能源消耗以每年8%—10%的速度增长。据世界绿色和平组织的一份报告指出，到2020年，全球主要IT运营商用于云计算（包括数据处理和电信网络）的能耗，将接近2万亿千瓦时，超过德国、法国、加拿大和巴西四国每年的能耗总和。

通信IT行业不断运用新技术提高现有服务器的利用率水平，在减少各个运营环节的能量消耗和碳排放

房地产业中“低碳建筑”有两个含义：一是在建筑材料与设备制造、施工建造和公共建筑物使用的整个生命周期内减少化石能源的使用，降低二氧化碳的排放量；二是在施工或者使用过程中采用对环境友好的技术材料，同时节省材料以减少环境污染。

方面，提高通信数据中心的能效，从而降低成本并减少温室气体的排放。大唐电信推出了业内集成度高、整机能效高的新一代基站产品，其能耗为原有基站的30％—40％。同时，还在质量体系建设、流程控制、降耗节能、低碳环保方面进行一系列改革，并实现了既定目标。与2009年的基期数值相比，2010年，节能量为465.8吨碳，按万元营业收入综合能耗（可比价）计算，能耗较2009年下降9.17％。

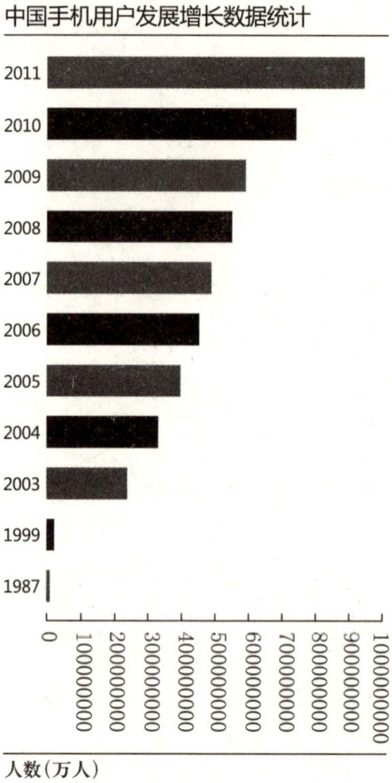

大唐电信通过执行低碳战略，带动客户节能减排。通过与运营商对其基础设施共建共享的合作机制，仅2009年即累计减少新建基站站址5万多个，减少传输线路（含杆路）超过9万公里，节约投资超过100亿元。“十一五”期末，较2005年基期相比，实现节能量10615.48吨碳。

第三章　气候官与低碳企业组织建设

企业要有效地实施其低碳战略，成就其可持续发展的目标，必须要建立一个良好的相对应的组织机构来具体执行战略。我们把这个整体的组织架构定义为“气候官体系”。

首席气候官的意图和职责不仅在于“气候”本身，而且同时应该“治本”——企业的可持续发展。

工欲善其事，必先利其器。

企业要有效实施其低碳战略，成就其可持续发展的目标，就必须建立一个良好的相对应的组织机构来具体执行。

这个组织机构就是在企业内建立可持续发展的管理部门。通过调研发现，在实施整体低碳战略的大企业中，通常都设立了首席气候官或首席可持续发展官的高级管理岗位，以及相应的可持续发展委员会和执行办公室。更多的企业还在内部设立了可持续发展相关部门。我们把这个整体的组织架构定义为“气候官体系”。

第一节　气候官体系的构建

一、可持续发展需要新的领导体系

可持续发展的紧迫需求正在引发商业与社会环境的更大、更深刻的变化。为了与这些变化协调一致，各种各样的企业正在采用新的核心战略，这已经引发企业开始进行根本转变，包括短期和长期目标、绩效期望以及优先事项安排上的转变，并逐渐融入企业的核心业务。现在，可持续发展已经成为企业最高管理层的重要职责。首席气候官也就相应而生。

首席气候官的英文是Chief Climate Officer，简称CCO。他们致力于为公司减少生产过程中的温室气体排放，帮助公司制定节能减排回收战略，并增加相关产品的研发及投资，以提升企业的可持续竞争力。根据皮尤全球气候变化中心主席Eileen Claussen的解释，“首席气候官”这一新的称谓与以往分管环境的负责人最大的区别在于，后者通常是公司的正向支出，而前者则主要为公司获取利润。

正如彼得•圣吉在《必要的革命》一书中指出：大幅度减少能源消耗，不仅降低温室气体排放，而且也降低成本。而降低成本得到的现金回报，又可以用来支付对未来的投资。

然而，究竟要如何在减少公司温室气体排放、帮助公司制定碳减排气候保护战略的同时，为公司获取利润呢？对于那些真正有远见的公司来说，制定气候战略并非只是公司制度上的小修小补或投入上的小打小闹，它所牵扯到的是整个公司在未来的竞争力，从这个意义上来说，气候战略所触发的是企业的“全身”。我们所接触的案例也都明确地指出：首席气候官的意图和职责不仅在于“气候”本身，而且同时应该“治本”——企业的可持续发展。

“首席气候官”这一新的称谓与以往分管环境的负责人最大的区别在于，后者通常是公司的正向支出，而前者则主要为公司获取利润。

二、企业可持续领导体系主要工作目标

1. 组建可持续发展委员会

可持续发展委员会由来自公司多个核心部门的主要领导组成，主要负责领导制定公司的可持续发展策略与规划，监控及汇报在可持续发展方面工作的开展和执行。可持续发展委员会负责整个企业可持续发展规划、执行和考核，最高领导为企业首席气候官，直接领导委员会工作。

委员会具体工作由低碳发展执行董事负责，执行董事负责领导可持续发展办公室，全面负责低碳、可持续发展的工作。可持续发展办公室负责具体的执行落实工作。

2. 设立首席气候官或相应职位

首席气候官属于公司决策管理层，主要致力于为公司减少全生命周期的碳（温室气体）排放，帮助公司制定节能减排、气候保护战略，并与公司整体发展结合，通过这些政策的实现，全面提升企业的可持续竞争力，并帮助企业转型成为适应新的世界变化、政策变化的未来企业标杆。

首席气候官属于公司决策管理层，主要致力于为公司减少全生命周期的碳（温室气体）排放，帮助公司制定节能减排、气候保护战略，并与公司整体发展结合，通过这些政策的实现，全面提升企业的可持续竞争力，并帮助企业转型成为适应新的世界变化、政策变化的未来企业标杆。

具体而言，首席气候官要面对当前日益趋于强制性的国际国内经济规则，适应政府制定的与气候变化的相关政策，包括但并不仅限于：引进温室气体排放交易计划、规范的技术激励机制、强制执行的工艺流程或产品标准，确保企业满足政策及法规要求。

全面领导企业应对气候变化所推动的低碳技术和产业的兴起，制定在政策措施和制度安排下所催生的对低碳产品、低碳技术的发展路线，协助企业前瞻性地识别全球趋势带来的重大变革，并且创新性地为未来市场做好低碳技术和产品服务的准备，以便能够成长为低碳发展道路上的赢家。

包括实施提高能效和利用新的低碳技术等发展战略来降低产品生产成本和运营成本，以满足不断变化的企业盈利和消费者的需求；通过调整企业的资产管理和投资战略，投资于迅猛增长并且获利丰厚的低碳经济产业，以便能够使企业分享到低碳经济的发展成果。

通过对低碳经济的战略性介入，提升企业在可持续发展方面的竞争力，并通过积极参与低碳发展的相关活动，塑造企业公民形象。

第二节　企业案例剖析

未来开始于现在，越来越多的企业加入了可持续发展的行动，建立有效的组织架构。无论在什么水平上的行动，都给企业带来了创新性的变革。

一、索尼地球环境推进部的力量

索尼的环境计划

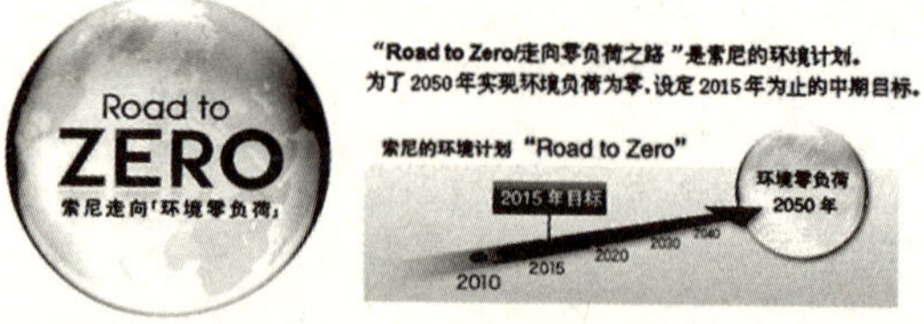

早在2004年，索尼便成立了中国地区环境办公室，主要负责管理和监督索尼在华各业务运营环节中所有与环境相关的事务，如指导和监督索尼集团环境方针及各项指令在中国各事业所的实施。

此外，索尼总公司还有专职的环境管辖部门——地球环境推进部，负责事业所环境领域、产品环境领域、原材料采购环境领域及产品循环利用领域的环境管理工作。随后，索尼（中国）有限公司设置了环境科，主要负责ISO 14001环境管理体系国际标准认证以及公司内部废弃电子产品处理、员工环境教育等事务，并在其开展业务的众多地区进行植树、美化城市环境等多种多样的社会公益活动。

为了达到2050年环境负荷为零的目标，索尼提出了自己的环境计划，即“Road to Zero”（走向零负荷之路）。索尼以具体的安排方略为自己设定了到2015年为止的中期达标计划。

二、松下的CO_2削减推进委员会与绿色创意战略

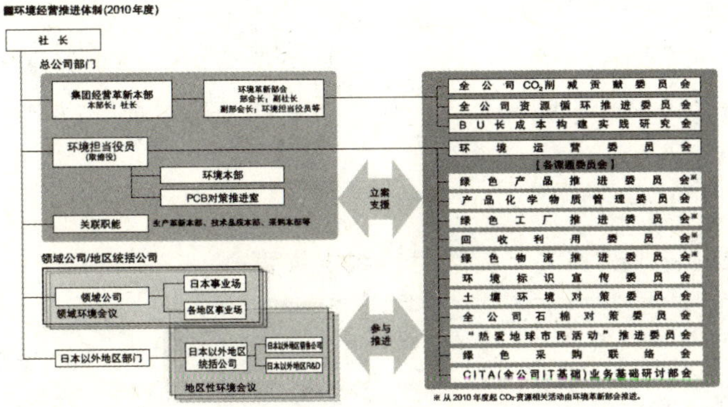

松下集团环境计划主要包括两大方面：生活的绿色创意——向世界推广“CO_2+0”的生活方式；经营模式的绿色创意——创造并实践最有效利用资源、能源的经营模式。

松下集团环境计划主要包括两大方面：生活的绿色创意——向世界推广“CO_2+0”的生活方式；经营模式的绿色创意——创造并实践最有效利用资源、能源的经营模式。

为切实做到绿色企业发展，2008年起松下集团成立了全公司的CO_2削减推进委员会，由环境担当役员担任委员长，各领域公司中的生产担当役员担任委员。该委员会的主要工作为确认每个月掌握的进展情况、讨论课题及彻底贯彻对策的实施等。随后，为了与全世界的工厂迅速共享信息和彻底推进活动，各领域公司内部也建立了同样的推进体制。

此外，松下集团还设立了隶属于委员会，由拥有节能技术的相关部门组成的“节能技术支援小组”，主要对各工厂的共同课题进行支援。

自2010年4月起，成立了由商品和非制造部门、物流部门组成的“全公司CO_2削减贡献委员会”，在此之前的工厂CO_2削减活动，由隶属于本委员会的“制造CO_2削减工作组”予以推进。

在实现“环境革新企业”愿景的具体方略上，松下集团提出了自己的“3个绿色创意战略”：第一，“商品的绿色创意”，即凭借商品的彻底节能，提高节能No.1商品的比率，从而推动无止境地减少节能性低的商品的活动。在这方面，2009年4月开设了“eco ideas house”，提出3至5年后将可能成为现实的“家庭整体CO_2+0（零）”的生活方式。

第二，“制造的绿色创意”，即不遗余力地进行CO_2减排，即便生产规模扩大了，也需减少总排放量。2006年度提出，用三年的时间，在全球所有生产型事业场排放的398万吨CO_2的基础上，排放量减少30万吨的目标，并调整各项工作，积极地推进减排活动。

第三，“推广的绿色创意”，致力于在全球展开环境经营，借由“全球绿色计划”的推行，使全球各地区的事业体系得以融合各地区的特色展开商品开发等环境活动。

三、西门子可持续发展管理委员会与首席可持续发展官

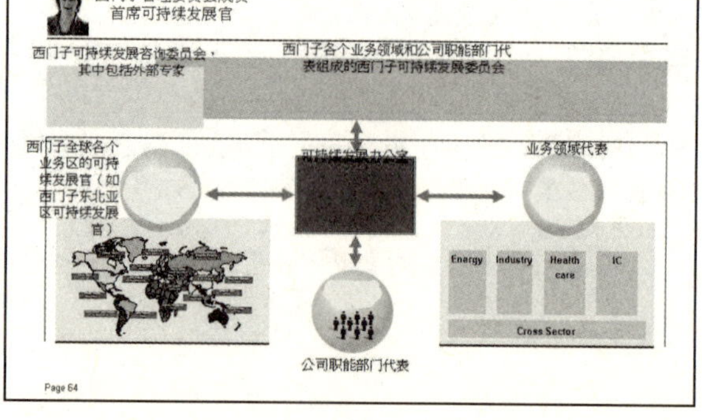

从图表可以看出，西门子的绿色管理组织架构非常清晰。为了实现绿色经济的发展目标，西门子建立了相关的组织结构，包括可持续发展委员会、可持续发展办公室、可持续发展咨询委员会，并设立西门子全球各个业务区的可持续发展官。

西门子可持续发展委员会，由杜裴然女士任首席可持续发展官，专门负责可持续发展及供应链管理。作为首席可持续发展官，杜裴然女士主要负责协调及监管可持续发展委员会及可持续发展办公室的各项工作。可持续发展委员会主要负责制定公司的可持续发展策略与规划，并监控及汇报西门子在可持续发展方面工作的开展和执行。

西门子可持续发展委员会贯彻执行如下措施：

1．在各业务领域中推动环保业务组合的发展，还在地区分公司中建立开展环保业务组合，希望通过这样的业务组合实现企业盈利与温室气体减排的共赢目标。

2．为使碳足迹最小化，西门子正在分析分布于全球100多个地区的公司办公场所的能源效率。一旦发现有改进的空间，就会着手进行改造以使运营更加节能、更加环保。

西门子可持续发展部门总监卡尔巴斯说，西门子可持续发展委员会由西门子各个业务领域和公司职能部门的负责人组成，既包括四大业务板块，也包括西门子中央研究院的负责人。可持续发展咨询委员会除西门子专家外，也包括外部专家，如大学、研究机构的，甚至也包括像拜耳这些非西门子公司的外脑。而可持续发展办公室负责链接所有这些可持续发展部门。

为了实现绿色经济的发展目标，西门子建立了相关的组织结构，包括可持续发展委员会、可持续发展办公室、可持续发展咨询委员会，并设立西门子全球各个业务区的可持续发展官。

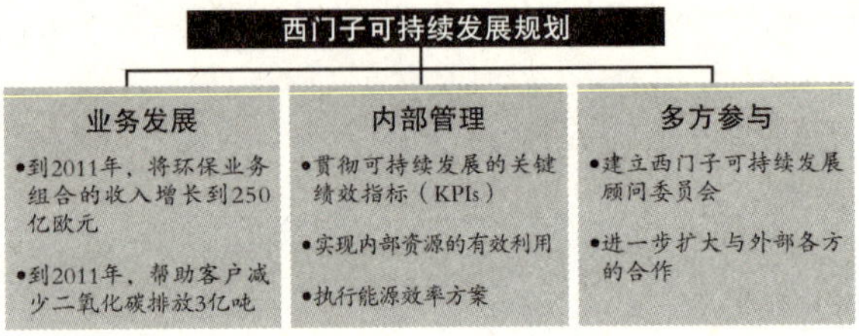

四、通力的可持续发展环境总监在行动

通力（KONE）在20世纪90年代就已经开始了关于可持续发展的探索。但是那时候并没有一个总体的平台来制定详细的可持续发展战略，显得比较分散。2008年，通力设立可持续发展环境总监职务，将环境卓越（Environmental Excellence）作为5个战略性发展项目之一，开始制定一些明确且“雄心勃勃”的节能减排目标。比如2010年，通力完成了在2009年基础上减少2%碳足迹的目标。另外，在2012年的基础上，2013年公司碳足迹要再降3%。

通力环境部门的工作职责就是连同负责科技的副总裁一起签发和准备未来的可持续发展报告和计划。可持续发展总监主要是协调和监督通力在各国分公司环境经理的工作，确保公司的长短期节能目标的实现。

在企业构架中，质量与环境委员会以及执行委员会，两个委员会同时由总裁和CEO直接参与负责。通力有关环境问题包括气候变化都是受这两个部门直接监管。长期目标与短期任务和措施可持续发展部门协调并研究制定后，再报告总裁和CEO。

五、巴斯夫首席气候官冯德森的出发点

为了企业可持续发展战略的有效实施，巴斯夫成立了包括首席气候保护官在内的可持续发展委员会。该委员会由9名分别来自运营部门、职能部门及区域的负责人组成，由区域筹划委员会提供支持，由此保证了可持续发展议题的有效管理。

气候保护实际上影响着巴斯夫的整个业务流程，包括是否采购原材料，是否生产化学品，是否通过新的流程进行研究，顾客是否在使用公司的产品等等。所有这些都会对公司的二氧化碳平衡产生影响，即排放了多少温室气体或顾客通过使用产品减少了多少温室气体排放。巴斯夫采用同样的方法进行业务管理和气候

保护管理，公司在这两个方面都安排了效率和业绩评估。通过建立一套管理系统，公司可以依据各部门的气候保护目标等要求来评估并优化业绩。

“气候官要做的绝不仅仅是PR（公关）。”巴斯夫首席气候官冯德森强调：“关注气候变化是巴斯夫不可缺少的战略之一，不仅对外宣传气候变化，更重要的作用是了解自己CO_2排放的情况，增加透明度。气候官设立的出发点是为了彻底了解自身整个价值链各个环节的排放情况。”

巴斯夫首席气候官冯德森

冯德森：“关注气候变化是巴斯夫不可缺少的战略之一，不仅对外宣传气候变化，更重要的作用是了解自己CO2排放的情况，增加透明度。气候官设立的出发点是为了彻底了解自身整个价值链各个环节的排放情况。”

冯德森表示，只有有了透明度，才能够有减排目标。巴斯夫的整体目标是要把能效提高25%，把碳排放降低25%。没有对碳排放现状的了解，则无法做到减排。除了了解自身的排放情况，巴斯夫设立气候官的第二个目的就是和利益相关方沟通。作为企业的气候官，冯德森与政策打交道的机会更多，也更多地在政策的变化中寻找着新的机会。他的另一项重要工作是，担任德国工业协会（BDI）的主席，主要是在既有建筑改造，能效提高、减排等方面提出有效的解决方案。

“我的工作对内和对外几乎是对等的，内部的工作主要涉及研发、培训等。我们希望在科学的基础上讨论其后变化，提供解决方案。”冯德森表示：“我们会告诉员工，这就是IPCC（政府间气候变化组织）的科学结论，我们根据这个再推出一些应对气候变化方面的产品和解决方案。”他认为，气候官的工作应更多地向自己的员工展示气候变化带来的众多机会，而这些也是巴斯夫最好的发展机会。

六、杜邦的可持续解决方案部门和可持续发展官

杜邦为拓展并整合其咨询服务、培训业务、科技

产品和客户服务，成立了杜邦可持续解决方案部门以强化对全球客户的服务。该部门是改变工作场所与企业文化的推动者，通过提供服务与技术，为客户带来在安全管理、运营绩效和环境保护等领域的持续改善。

杜邦可持续解决方案部门，整合了三大业务部门——杜邦安全管理咨询、杜邦清洁技术以及收购的美国Coastal培训技术公司。杜邦这个新机构将原有的人力资源、业务流程、技术和服务进行了全面整合，从而大大提高了公司帮助客户实现商业目标的水准。新成立的杜邦可持续解决方案部门着眼于150亿美元的潜在商机，根据业务类别划分为四个分支，专门提供下列服务和技术支持：

安全管理咨询——安全管理咨询仍是核心业务，通过深入了解企业在安全管理改进工作上的切实需求，为企业提供量身定制安全管理解决方案、咨询及辅导，持续改善企业的安全生产，以最终实现卓越运营。

可持续运营——利用杜邦公司在实际运营中总结出来的行之有效的办法，帮助客户提高能源利用效率、资产运营效率和可靠性、保护环境和资本项目的有效性，促进对业务和资产运营可持续的回报。

培训解决方案——提供包括在线学习技术、导师面授课程和传统媒体教学等学习方法，主要集中在安全管理、工业技能、职业操守与合规等领域。

清洁技术——依靠世界一流的技术和设备，加上优秀的工程技术能力及方案定制水平，帮助企业减少有害气体排放，开发更洁净的燃料。

在组织结构上，杜邦的目标具体化到13个业务事业部和杜邦的研发部门——杜邦中央研发事业部。这些部门的成员，需要将可持续发展目标（包括环境目标和市场目标）与他们的业务、科技创新和发展规划结合起来。

Linda J. Fisher（以下简称Fisher）是杜邦的首位可持续发展官，在2004年7月加入杜邦之前，她曾经在美国环保署（United States Environmental Protection Agency，简称EPA）工作13年。在1980年代，她是环保署首位负责制定应对气候变化立场的负责人。在她的带领下，杜邦在温室气体减排方面积极有为。2006年10月，杜邦公布了公司2015年可持续发展目标，其中减碳指标是，以2004年为基准，到2015年将至少减少15%的温室气体排放量。

七、青啤的生产管理总部就是低碳管理部门

青岛啤酒从生产实践的角度，通过“低碳运营模式”带动技术创新和整个

价值链优化和再造，从技术研发、产品设计、生产制造、销售渠道等多个环节全方位地调整和改进，整合自己企业的低碳战略。

青岛啤酒的生产管理总部是低碳管理的主管部门，全面负责公司的低碳管理工作。负责制定低碳战略规划及低碳战略目标行动计划，并跟踪落实低碳目标的完成情况及低碳工作推进评价。公司采用专业化、一体化、标准化、集约化的垂直管理模式，由生产管理总部负责制定标准化的低碳管理模式，然后在全公司下属工厂进行全面推广落实，并跟踪实施结果。采用BSC跟踪、专业查核、培训交流、管理体系建设、专家人才培养等管理手段，不断推进低碳管理相关工作的实施，确保低碳战略目标实施。

公司采用专业化、一体化、标准化、集约化的垂直管理模式，由生产管理总部负责制定标准化的低碳管理模式，然后在全公司下属工厂进行全面推广落实，并跟踪实施结果。

八、三星的环境安全委员会

三星（中国）投资有限公司，通过“经营绿色化，产品绿色化、工厂绿色化及地区社会绿色化”，全方位体现绿色三星战略。公司自2007年开始，实施清洁能源替代高负荷能源项目，转变经营模式，淘汰高能耗产品，加大绿色环保企业及项目的投入。目前，中国三星已投资24亿元进行落后产业的改造和高能耗产品替代。

公司自2007年开始，实施清洁能源替代高负荷能源项目，转变经营模式，淘汰高能耗产品，加大绿色环保企业及项目的投入。

2011年2月，三星总部为保护环境，制定了2020年的绿色经营战略，中国三星计划在2020年温室气体排放量相对2007年削减45%，废弃资源再利用率提高95%以上。具体包括：

1．保护生态环境，降低能源的消耗，减少温室气体排放。

2．成为全球领先的绿色环保企业。

3．环保事业持续经营，社会效益最大化发展。

如图所示，为了完成以上目标，中国三星成立了环境安全委员会及低碳管理组织结构。

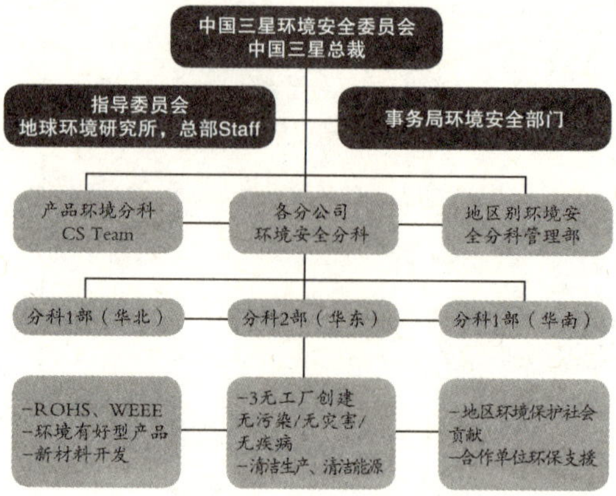

九、方兴地产的绿色可持续发展委员会和绿色工作委员会主任

方兴地产将企业绿色低碳战略作为公司未来战略的发展目标，公司成立由总裁领导的“绿色发展战略决策委员会”及“绿色战略工作委员会”相应组织，由公司高管、各项目公司总经理、业务骨干组成专业团队，落实绿色发展实施路径。

在方兴地产内部组建的三级建制的绿色可持续发展委员会中，第一级为绿色可持续发展领导委员会，由总裁负责，公司主要领导人都属于该委员会成员，对公司绿色战略的制定和推动进行大的决策和考核；第二级是绿色工作委员会，由总部主要职能部门负责人组成，负责从公司层面推动保障绿色战略的具体实施工作；第三级是项目公司的绿色工作组，由各项目公司规划设计部、成本部等主要部门人员组成，并由项目公司一把手担任组长，他们负责方兴地产具体开发和经营项目的绿色战略的工作。

绿色工作委员会的主要职能是，从公司层面推动绿色战略的有效执行。例如通过绿色工作委员会成员所在的各职能部门，组织和协调公司每年绿色战略规划、重点议题；审核确定下属各开发项目和经营单位的绿色目标和绿色行动纲领；宣传方兴地产绿色对外系列的交流学习与战略合作；建立完善对内的绿色工作机制。同时把既定的绿色发展目标纳入各下属公司的绩效考核体系，由公司绩效评价委员会在年末通过评价积分卡进行打分并考核实施状况。绿色工作委员会的汇报对象是公司绿色领导委员会。

在方兴地产内部组建的三级建制的绿色可持续发展委员会中，作为公司首席财务官的江南，兼任绿色工作委员会主任一职，牵头负责绿色战略在各项目的落地、推进，并直接向总裁汇报。

尽管没有冠名为“首席可持续发展官”，但从方兴地产绿色工作委员会的主要职能看——其从品牌、产品、技术、融资、企业内部日常管理、营销以及社会责任一整条线，来保证项目的绿色建筑和生态城市建设，并保证绿色经济效益。

第四章　企业低碳技术创新

发展低碳经济，就是要彻底改变以化石能源为主的全球能源利用结构，而低碳技术引领能源利用方式的转变，是实现低碳化发展的关键手段。

当今低碳技术的开发应用，将颠覆以化石能源为基石的工业文明发展模式，带来能源利用方式的全新革命，这便是核能和可再生能源逐步应用并最终取代化石能源的新时代。

低碳创新的关键技术领域包括能源供应、交通节能、建筑节能以及工业节能。中国在低碳发展的过程中，将对低碳技术、污染控制技术和能源安全技术的战略部署紧密联系在一起。

低碳技术是我国目前重点发展的创新方向之一，代表了未来先进技术和经济发展模式的方向。我国是否能够实现低碳经济发展，很大程度上依赖于低碳技术创新；企业能够在低碳发展浪潮中站稳，更多地依赖于企业低碳技术的创新。

第一节　提高低碳技术研发能力

发展低碳经济，就是要彻底改变以化石能源为主的全球能源利用结构，而低碳技术引领能源利用方式的转变，是实现低碳化发展的关键手段。

一、低碳技术的概念

低碳技术是指涉及电力、化工、石化、建筑、交通、冶金等部门以及在可再生能源及新能源、煤的清洁高效利用、油气资源和煤层气的勘探开发、二氧化碳捕获与埋存等领域开发的有效控制温室气体排放的新技术。

低碳技术是指涉及电力、化工、石化、建筑、交通、冶金等部门以及在可再生能源及新能源、煤的清洁高效利用、油气资源和煤层气的勘探开发、二氧化碳捕获与埋存等领域开发的有效控制温室气体排放的新技术。

低碳技术可分为3个类型：

第一类是减碳的技术，是指高能耗、高排放领域的节能减排技术，煤的清洁高效利用、油气资源和煤层气的勘探开发技术等。

第二类是无碳的技术，比如核能、太阳能、风能、生物能等可再生能源技术。在过去十年里，世界太阳能电池产量年均增长38%，超过IT产业。全球风电装机容量2008年在金融危机中逆势增长28.8%。

第三类就是去碳的技术，典型的是CCS技术（Carbon Capture and Storage的缩写），也就是将二氧化碳（CO_2）捕获和封存的技术。CCS技术是指通过碳捕捉技术，将工业和有关能源产业所生产的二氧化碳分离出来，再通过碳储存手段，将其输送并封存到海底或地下等与大气隔绝的地方。目前，CCS技术尚处于研发阶段。

当今低碳技术的开发应用，将颠覆以化石能源为基石的工业文明发展模式，带来能源利用方式的全新革命，这便是核能和可再生能源逐步应用并最终取代化石能源的新时代。

二、低碳技术的研发投入

近年来，世界主要发达国家都在致力于新能源技术和清洁能源技术的开发利用，目的是抢占低碳经济发展的制高点。美国能源部最近投资31亿美元用于碳捕获及封存技术研发；英国2009年7月公布了《低碳产业战略》；到2013年为止，欧盟计划投资1050亿欧元用于绿色经济。

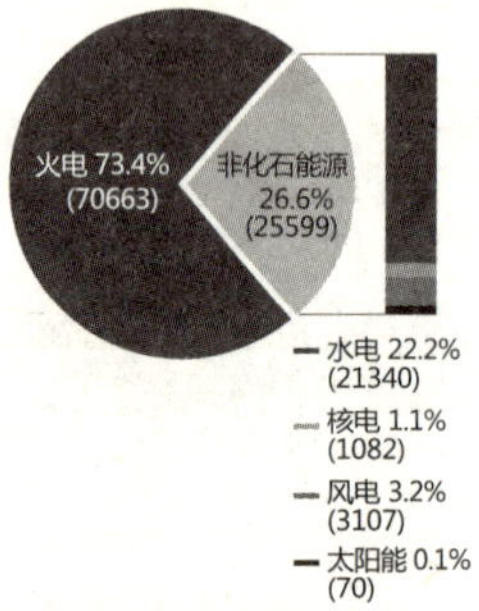

2010年底中国发电装机总容量（万千瓦）

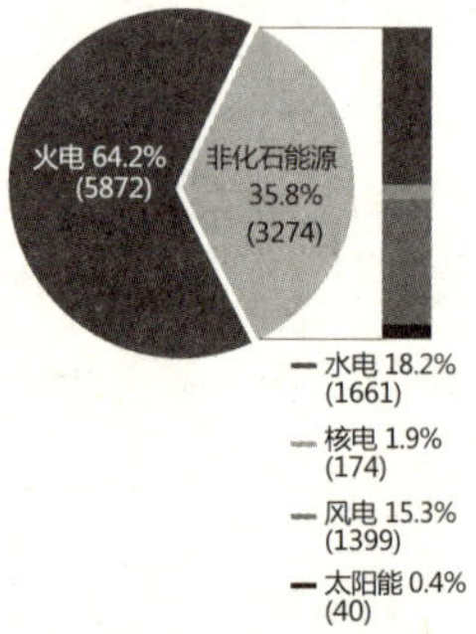

2010年底中国新增发电设备容量（万千瓦）

数据来源：国家能源局

低碳创新的关键技术领域包括能源供应、交通节能、建筑节能以及工业节能。中国在低碳发展的过程中，将对低碳技术、污染控制技术和能源安全技术的战略部署紧密联系在一起。我国科技部、教育部、中科院和许多省市已经部署了发展低碳技术的计划。我们可以分领域来看低碳技术：

1．电力行业中煤电的整体煤气化联合循环技术（IGCC）、高参数超临界机组技术、热电多联产技术等，我国已经初步掌握，而且这两年进步很快，但仍不太成熟，产业化还有一定问题。

2．可再生能源和新能源方面，大型风力发电设备、高性价比太阳能光伏电池技术、燃料电池技术、生物质能技术及氢能技术等，与欧洲、美国、日本等发达国家相比，也还有不小差距。

3．在交通领域，例如汽车的燃油经济性问题、混合动力汽车的相关技术等，中国虽然掌握一些，但短时间无法达到产业化水平。对于冶金、化工、建筑等领域的节能和提高能效技术，中国在系统控制方面，还无法达到发达国家的水平。

企业作为低碳经济的主体，是低碳技术创新最主要的发起者和参与者，也是低碳技术的主要使用者，因而是低碳技术创新的主力军。

企业作为低碳经济的主体，是低碳技术创新最主要的发起者和参与者，也是低碳技术的主要使用者，因而是低碳技术创新的主力军。

第二节 节能减排技术创新

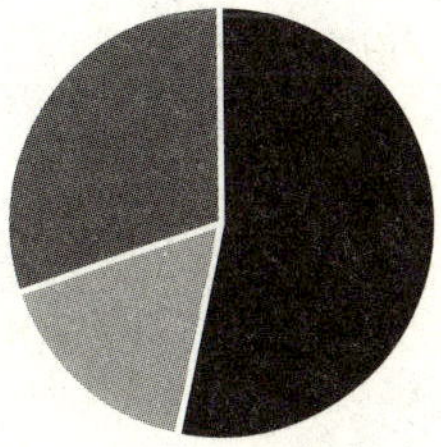

我国建筑相关能耗占社会总能耗比例

一、建筑行业的低碳创新

知名地产企业招商地产将绿色技术作为公司的一项核心能力来培养提升，从以设计、生产环节为主，扩大到设计、采购、生产、营销、管理等所有环节，将“绿色地产、低碳生活”的理念系统性地融入到企业的行为中。2010年8月《招商地产限额设计指标》颁布执行，制定了《“三新技术”应用推广作业指引》、《绿色技术应用工作指导书》等工作指引，从而全面推行限额设计，逐步实施绿色施工。

房地产开发的建筑施工阶段需大量消耗资源，甚至影响环境，节材也是绿色施工的重要组成部分。招商地产在全国范围内推广可以多次重复使用的装配式围墙，在保证质量、安全等基本要求的前提下，通过科学管理和创新技术，最大限度地节约资源并减少对环境造成的负面影响。

将自主创新技术和“中国制造”优势相结合，秉承虚拟制造、高效物流理念，与成熟的生产制造企业和第三方物流公司合作，走轻型工业化的发展道路，不断缩短产品中间流转环节，努力降低能耗。

二、化工行业

巴斯夫催化剂部门开发生产的用于汽车、公交车、卡车、非道路用设备、摩托车的尾气催化剂以及小型引擎的排放控制催化剂，在污染物控制方面发挥着直接的作用，巴斯夫的催化剂技术将帮助减少有害尾气排放达96%以上。巴斯夫的三元催化剂可以将汽油引擎产生的90%以上的有害排放物转换为无害的气体。在过去十多年中，巴斯夫上海工厂生产的1000万枚催化剂已经在中国减少了1800万吨空气污染物。

在水资源方面，巴斯夫致力于逐渐减少水资源消耗量，并尽可能对水资源进行循环利用。在巴斯夫大中华区，各生产基地采取了废水回用、改进真空泵冷却循环系统等措施以节约用水。2010年大中华区尽管产量提高，但生产用水量仍与2009年持平。冷却用水循环量为7.048亿立方米。巴斯夫水处理业务的产品范围涵盖了在城市水处理和工业水处理关键流程中所使用的各类产品：用于净化饮用水原水的产品、处理废水流以及减少污泥体积的产品。

三、通信行业

为了向客户提供高效、节能、环保的整网绿色通信解决方案，中兴通讯建立了以多层面的技术创新实现绿色环保为核心的绿色策略。中兴通讯认为通讯网络层面的绿色技术创新分为网络架构层面的创新和网元层面的创新，其中网元层面的创新进一步细分为设备级的创新、单板级的创新和芯片级的创新。这其中网络架构层面的绿色创新最为重要，可为网络带来高达60%—80%的节能，同时，网络架构层面的绿色技术创新又需要得到网元级技术创新的支撑。

大唐电信在设备制造上遵从国际RoHS标准（绿色产品的运营对环境无污染），将自主创新技术和“中国制造”优势相结合，秉承虚拟制造、高效物流理念，与成熟的生产制造企业和第三方物流公司合作，走轻型工业化的发展道路，不断缩短产品中间流转环节，努力降低能耗。与业内目前的TD-SCDMA供应链能耗水平相比，大唐绿色供应链的能耗可降低50%—60%。

第三节　清洁生产技术

20世纪70年代末期以来，不少发达国家的政府和各大企业集团（公司）都纷纷研究开发和采用清洁工艺，开辟污染预防的新途径，把推行清洁生产技术作为经济和环境协调发展的一项战略措施。

清洁生产的提出最早大约可以追溯到1976年，欧共体在巴黎举行了“无废公益和无废生产国际研讨会”，提出了“消除造成污染的根源”的思想；1979年，欧共体理事会宣布推行清洁生产政策。实际上，清洁生产就是对生产过程与产品采取整体预防的环境策略，减少或者消除它们对人类及环境的可能危害，同时充分满足人类需要，使社会经济效益最大化的一种生产模式。

联合国环境规划署工业与环境规划中心（UNEPIE/PAC）综合各种说法，采用了“清洁生产”这一术语，来表征从原料、生产工艺到产品使用全过程的广义的污染防治途径，给出了以下定义：

清洁生产是一种新的创造性的思想，该思想将整体预防的环境战略持续应用于生产过程、产品和服务中，以增加生态效率和减少对人类及环境的风险。在生产过程中，要求节约原材料与能源，淘汰有毒原材料，减降所有废弃物的数量与毒性；对产品，要求减少从原材料提炼到产品最终处置的全生命周期的不利影响；对服务，要求将环境因素纳入设计与所提供的服务中。

清洁生产就是对生产过程与产品采取整体预防的环境策略，减少或者消除它们对人类及环境的可能危害，同时充分满足人类需要，使社会经济效益最大化的一种生产模式。

一、清洁生产的概念

清洁生产的概念主要强调三个重点：

1. 清洁能源。包括开发节能技术，尽可能开发利用再生能源以及合理利用常规能源。

2. 清洁生产过程。包括尽可能不用或少用有毒有害原料和中间产品。对原材料和中间产品进行回收，改善管理，提高效率。

3. 清洁产品。包括以不危害人体健康和生态环境来考虑产品的制造过程甚至使用之后的回收利用情况，减少原材料和能源使用。

清洁生产的目标包括：

1. 通过资源的综合利用，短缺资源的代用，二次能源的利用，以及节能、降耗、节水，合理利用自然资源，减缓资源的耗竭，达到自然资源和能源利用的最合理化。

2. 减少废物和污染物的排放，促进工业产品的生产、消耗过程与环境相融，降低工业活动对人类和环境的风险，达到对人类和环境的危害最小化以及经济效益的最大化。

二、清洁生产技术所涉及的领域

清洁生产技术所涉及的领域，如图所示。

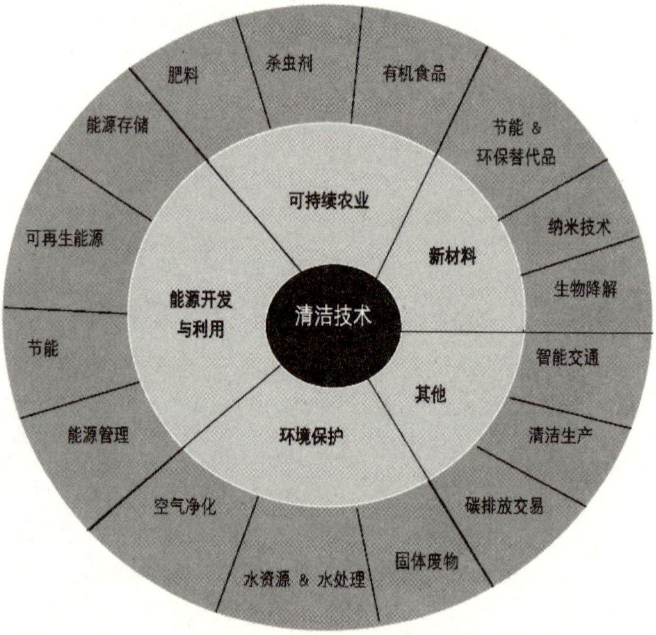

三、企业清洁生产设计

1. 企业产品绿色设计

企业实行清洁生产，在产品设计过程中，一要考虑环境保护，减少资源消耗，实现可持续发展战略；二要考虑商业利益，降低成本，减少潜在的责任风险，提高竞争力。具体做法是，在产品设计之初就注意未来的可修改性，容易升级以及生产几种产品的基础设计，提供减少固体废物污染的实质性机会。产品设计要达到只需要重新设计一些零件就可更新产品的目的，从而减少固体废物。在产品设计时还应考虑在生产中使用更少的材料或更多的节能成分，优先选择无毒、低毒、少污染的原辅材料替代原有毒性较大的原辅材料，防止原料及产品对人类和环境造成危害。

企业实行清洁生产，在产品设计过程中，一要考虑环境保护，减少资源消耗，实现可持续发展战略；二要考虑商业利益，降低成本，减少潜在的责任风险，提高竞争力。

2. 企业生产全过程控制

清洁的生产过程要求企业采用少废、无废的生产工艺技术和高效生产设备；尽量少用、不用有毒有害的原料；减少生产过程中的各种危险因素和有毒有害的中间产品；使用简便、可靠的操作和控制；建立良好的卫生规范（GMP）、卫生标准操作程序（SSOP）和危害分析与关键控制点（HACCP）；组织物料的再循环；建立全面质量管理系统（TQMS）；优化生产组织；进行必要的污染治理，实现清洁、高效的利用和生产。

3. 实施材料优化管理

材料优化管理是企业实施清洁生产的重要环节。选择材料，评估化学使用，估计生命周期是能提高材料管理的重要方面。企业实施清洁生产，在选择材料时要关心再使用与可循环性，具有再使用与可循环性的材料可以通过提高环境质量和减少成本获得经济与环境收益；实行合理的材料闭环流动，主要包括原材料和产品的回收处理过程的材料流动、产品使用过程的材料流动和产品制造过程的材料流动。

四、不同行业的清洁生产技术运用

1. 新能源开发与利用

（1）太阳能的清洁高效

作为清洁可再生能源，太阳能发电节能减排贡献十分明显。目前，英利公司已经有3吉瓦光伏组件分布于世界各地的光伏发电系统。按日照辐射量选择1340千瓦时（选择中国三类地区），则每年可向社会提供达33亿千瓦时清洁电力，每年可以节约标准煤120万吨，减少二氧化碳排放309万吨。

（2）生物质能源开发

北京合力清源科技有限公司是一家集生物质能源开发与利用、技术推广与咨询服务、工程设计与设备供应为一体的中美合资高新技术企业。

针对城市生活垃圾、养殖场废弃物、农林废弃物、食品工业加工剩余物等不同有机固体废弃物，合力清源利用高浓度快速厌氧发酵技术可将有机部分通过微生物菌种分解产生沼气，沼气可直接发电上网或经净化提纯后制成压缩天然气，满足生产生活用电、气、热的需求，同时，沼渣沼液可制作优质有机肥供应农业种植使用。主要核心技术包括：鸡粪水解除砂技术；高浓度厌氧发酵技术；沼气除硫提纯技术等等。部分核心技术已申请国内外专利。

合力清源于2007年设计建设了世界上第一个利用纯鸡粪制取沼气发电项目——德青源沼气发电工程，该项目利用农场鸡粪和污水进行厌氧生物处理生产沼气和电力，每年可为华北电网提供1400万千瓦时“绿色电力”，减少二氧化碳排放8.4万吨，同时产出固态有机肥7000吨。2009年4月9日德青源沼气发电项目并网发电成功，2010年该项目通过联合国CDM框架协议。

（3）智能交通

阿尔斯通（中国）投资有限公司是发电、输电设备和轨道交通的全球领先供应商，并为各种能源形式提供“交钥匙”电站解决方案以及配套服务，涉及领域包括水电、核电、燃气、燃煤和风电。明星产品Citadis、Coradia Polyvalent和AGV列车上配备的永磁引擎效率（98%）要高于竞争对手（95%）。阿尔斯通在CCS技术的开发领域始终处于领先地位，公司已开发出拥有自主专利的富氧燃烧及燃烧后碳捕集专有技术。这些技术适用于各种燃料，包括硬煤、褐煤和天然气，可应用在电力及其他工业领域。预计CCS技术到2015年可实现商业化规模，装备CCS设备的燃煤电厂所排放的二氧化碳捕集率将可达到90％。

2. 汽车公司的“零排放”目标

广汽本田导入“膜处理技术”，废水经过处理后，全部循环使用到厂区的各相应用水点，在中国汽车行业中第一个实现“废水零排放”；总装车间和整车检测线导入追随式汽车尾气抽排系统，直接收集汽车尾气，尾气的收集率达到90％以上；增城工厂投入3000万元建成污水处理站，是全球第一家导入“废水零排放”的汽车工厂。

3. 新材料

拜耳材料科技所生产的新材料包括高科技聚合物——特别是聚碳酸酯和聚氨酯材料，这两类材料是由拜耳公司最先开发出来的。拜耳材料科技包括三个业务部：聚氨酯、聚碳酸酯以及涂料、黏合剂及特殊化学品。来自拜耳材料的产品在减少钢材和金属的比例中发挥了重要的作用。座椅、仪表盘、保险杠、车头灯外壳、车顶内衬、车门面板和车体部件黏合剂经常以拜耳材料科技公司的材料为基础。并且，在很多实例中，50％以上的车内配件由聚合物产品做成。

拜耳材料科技包括三个业务部：聚氨酯、聚碳酸酯以及涂料、黏合剂及特殊化学品。来自拜耳材料的产品在减少钢材和金属的比例中发挥了重要的作用。

重量的每一次减轻同时也有助于节约资源，根据估计，减重10％意味着节约5％的燃料消耗。如今，轻质的复合材料可以减轻一部汽车30％的重量。

重量的每一次减轻同时也有助于节约资源，根据估计，减重10％意味着节约5％的燃料消耗。

并且，技术上的发展还在继续进行中，当前的趋势之一是采用更为轻质的聚碳酸酯替代侧面、后面和天窗的玻璃。另一个聚焦领域是将天窗作为设计表面的潜力——包括大面积全景车顶和在车顶及尾部区域的三维造型。拜耳在2008年通过建立Bay Vision品牌来响应这种趋势，该品牌将车窗玻璃所用的原材料与拜耳高科技的塑料工艺技术以及广泛的开发和节约资源结合在一起。

另一个例子，只要通过给建筑物外层穿一件“衣服”，就能消除周围大气中的污染物。这件“衣服”并不是像爬山虎一类的攀缘植物或是环保漆，而是一种铝创新材料制成的建筑外墙装饰面板。这正是创立120年之久的美铝公司的材料创新实验室关于未来绿色建筑材料的最新研究成果。这种面板能够有效地运用在建筑物外墙，不仅能够减少建筑物的维修费用，而且还能有效地帮助分解大气烟雾以及其他有害物质包括灰尘和汽车排放物。

它的工作原理是在建筑上安装此装饰面板，通过与太阳光结合作为催化剂分解有机污染物以及烟雾等，使其紧紧地吸附在面板的表面。由于二氧化钛具有极强的亲水性，因此每当下雨时，一些被吸附的有机污染物便会随着雨水被带走。

美铝公司目前的技术研发工作主要由美铝技术中心以及来自美国、俄罗斯、中国等国家的大学研究室承担，着眼开发未来新一代铝制材料的创新与运用，其中包括纳米材料和超轻材料等。

4. 水处理

资料显示，包括美国等发达国家在内的大多数供水系统，都非常老旧，许多设备超期服役的现象比较严重，供水管网就其整体而言趋于老化，不少管段由于城市发展、道路拓宽，管位已在街道的机动车道下，给管网的维护与管理带来了诸多不便，从而造成管网漏损率偏高，造成大量的水资源浪费。相关统计显示，中国城市公共供水系统管网漏损率约为20%，尚未达到国家控制标准。曾有相关报道显示，中国城市供水漏损水量每年高达60亿立方米。如果能够应用先进的智能水网技术，供水损失将能得到有效控制。

在GE的系统解决方案中，智能水网尤其值得关注。智能水网建立于实时信息采集管理的基础之上，通过互联的网络把水文资源监测站网、供排水生产处理和输配水设施运行网、河网水系水利设施运行网以及水务事务服务网的智能化控制传感器连接起来，对感知的信息进行智能化的处理和分析，对各个领域各种需求提供智能化的支持。

GE中国研发中心正致力于智能水网研究，借助于实时监控、智能仪表和分析控制领域内的强劲研发实力，通过开发先进的算法实现远程管理、监控和优化供配水管网。在GE中国的研发中心，一共有三个实验室专门致力于水处理技术的研发，包括膜与表面技术实验室、水与工业过程化学实验室和水处理与分离技术实验室。

2012年4月，GE开发出了新一代低污染反渗透膜。这项新技术相比普通的膜，具有耐污染物和使用寿命长的优点，普通膜在处理高污染物含量的污水之后会使得产水量明显下降，而频繁地清洗会加大成本与缩短使用寿命，甚至某些污染物会与膜产生作用使得膜失去功能。这新一代低污染反渗透膜可以承受高碱和高温的双重恶劣条件，即便在钢铁行业等水质比较恶劣的情况下，在强碱性条件（pH=12）下，且在35℃—45℃的高温中，可以耐受强烈的化学清洗，同时，新型的低污染反渗透膜还具有表面光滑和亲水的技术特点。

只要通过给建筑物外层穿一件“衣服”，就能消除周围大气中的污染物。这件“衣服”并不是像爬山虎一类的攀缘植物或是环保漆，而是一种铝创新材料制成的建筑外墙装饰面板。

智能水网建立于实时信息采集管理的基础之上，通过互联的网络把水文资源监测站网、供排水生产处理和输配水设施运行网、河网水系水利设施运行网以及水务事务服务网的智能化控制传感器连接起来，对感知的信息进行智能化的处理和分析，对各个领域各种需求提供智能化的支持。

第五章　企业碳管理

近年来，国外在碳信息披露方面进行了比较深入的探讨，创建了碳信息披露项目。企业通过披露低碳战略、碳排放核算等信息，为利益相关者了解企业碳排放信息提供了决策参考。

企业应当对其温室气体排放情况进行详细的、量化的核算盘查，从而建立企业合理的减碳指标。这对于企业低碳发展战略的实施具有重要的作用，是企业低碳发展的具体落实。

碳标签正在逼近中国企业，即使碳标签目前还不是强制性标准。但是，久而久之，消费者也会形成习惯，自觉购买碳标签产品，因而企业应该积极面对，加快推行碳标签。

企业要低碳发展，有必要建立企业自身的温室气体排放基础统计和核算工作体系，加强温室气体计量工作，做好排放因子测算和数据质量监测，确保数据真实；建立温室气体排放数据信息系统，完善企业的碳披露项目；加强企业低碳管理能力建设，建立负责温室气体排放统计核算的专职工作队伍和基础统计队伍；申请企业低碳产品认证。

第一节　企业碳披露

近年来，国外在碳信息披露方面进行了比较深入的探讨，创建了碳信息披露项目。企业通过披露低碳战略、碳排放核算等信息，为利益相关者了解企业碳排放信息提供了决策参考。

一、碳披露项目介绍

碳披露项目（Carbon Disclosure Project，CDP）是一个独立的非营利性组织，拥有世界上最大的企业气候变化信息数据库。成立于2000年，总部位于英国，每年都会要求世界上的大企业公开碳排放信息及为气候变化所采取措施的细节。截至2010年年底，CDP代表资产管理总额达64万亿美元的全球534家机构投资者以及60家采购商，运营其唯一的全球气候变化数据库收集系统。

自2002年起，CDP代表联署投资者致函大型上市公司，了解其碳排放信息及应对气候变化的策略。

碳披露项目（Carbon Disclosure Project，CDP）是一个独立的非营利性组织，拥有世界上最大的企业气候变化信息数据库。成立于2000年，总部位于英国的CDP，每年都会要求世界上的大企业公开碳排放信息及为气候变化所采取措施的细节。

2008年，CDP组织了第6次调查（CDP 6），来自20多个国家和地区的3000多家上市公司收到了CDP问卷。回答问卷的企业数量创历史新高：90%（90家）的富时100公司、77%（383家）的全球500公司和64%（321家）的标普500公司均回答了CDP问卷。

2009年，来自全球60多个国家的2500多家机构通过CDP，披露了其温室气体排放情况和气候变化战略，以便能够设定减排目标，改善绩效。2010年，超过以往任何年份的更多企业通过CDP披露和管理它们的温室气体排放。这些数据已得到不同群体的更广泛使用，其中包括机构投资者、企业、政策制定者和他们的顾问团队、公共部门、政府机构、学术界及公众等。越来越多的投资研究机构和卖方经纪人也开始使用这些数据，针对气候变化对全球行业的影响提出新的见解，强调相关机遇。

二、CDP关注三大领域

一是加强与提供和使用CDP数据的企业合作，不断提高信息质量和可比性。基于行动的数据是达成CDP使命的关键，即致力于将气候变化相关信息融入商业、政策和投资决策的核心内容之中，以加快提出应对气候变化的解决方案。CDP在2010年的评分过程中给予经过审验的数据更多的权重，而且认为报告的一致性至关重要。

二是在未来几年内，将CDP项目向所有主要经济体推广，这是因为气候变化是一个需要全球性解决方案的问题。除了核心的投资者CDP项目（Investor CDP），还准备扩大CDP供应链项目、公共采购项目以及CDP水信息披露项目，以保证最大程度地完成CDP的使命。

三是缓解和减少排放。自从CDP发起第一次碳信息披露调查项目开始，全球500强（富时全球指数，FTSE Global Equity Index Series）中，披露减排目标的企业数量已经增加了四倍。

三、CDP中国报告

2011年11月，英国碳信息披露项目（CDP）发布了《碳信息披露项目中国报告2011》（以下简称《报告》）。《报告》对中国流通市值最大的100家上市公司进行问卷调查，收集其温室气体排放及应对气候变化的战略与行动等信息，以反映其在应对气候变化方面的意愿、能力和绩效。

调查结果显示，64%（7家）的企业表示已经将管理气候变化风险和机遇整合入公司识别经营风险和机遇的内部风险管理系统；73%（8家）的企业表示已经将应对气候变化融入公司商业战略中。在减排目标方面，27%（3家）的企业表示设立了强度目标，9%（1家）企业设立了绝对目标，45%（5家）没有制定目标。但在设立目标的企业中，没有企业给出温室气体范畴、减排目标、基准年、基准年排放量、目标年和完成进度等全面信息。

越来越多的投资研究机构和卖方经纪人也开始使用这些数据，针对气候变化对全球行业的影响提出新的见解，强调相关机遇。

同时，55%（6家）的企业表示识别了气候变化带来的法规机遇，如未来关于产品能效和标准政策的出台有利于推动企业提高现有产品或服务的质量，拓展业务范围，提升竞争力；27%（3家）的企业认为气候变化为其带来了有形机遇；18%（2家）的企业表示自身面临着气候变化带来的其他机遇。

只有27%（3家）的企业表示采用了相关核算标准对温室气体排放进行数据搜集和计算。这3家企业分别采用了ISO 14064—1、美国能源学会SANGEA排放数据管理系统以及中国公司节能减排管理项目。只有27%（3家）的企业提供了范畴1直接温室气体排放数据，9%（1家）的企业提供了范畴2间接温室气体排放数据；只有9%（1家）的企业表示已经完成了对范畴1排放的验证或审验工作，1家企业表示正处于对范畴1排放进行验证或审验的进程中。

信息的透明度和公开度是技术进步带来的新要求，杜邦公司认为碳披露不会泄露商业秘密，反而会提高企业的竞争力。越来越多的公司利用碳披露项目来甄选供应商，并对供应商进行分类和评估。

四、兴业银行的赤道原则

兴业银行先后加入赤道原则、联合国环境规划署金融行动、碳披露项目。加入和履行国际准则，大大提升银行的管理水平，也意味着采用更加严格的标准，披露更详尽的信息，接受公众监督。兴业银行为此制定了相关信息披露制度，涉及碳披露的报告共有三类，分别是：年度可持续发展报告、环境与社会业绩报告、赤道原则执行报告。

兴业银行是目前中国唯一一家对绿色信贷支持的项目逐笔进行碳减排量测算的银行。

五、杜邦：碳披露提高企业的竞争力

信息的透明度和公开度是技术进步带来的新要求，杜邦公司认为碳披露不会泄露商业秘密，反而会提高企业的竞争力。越来越多的公司利用碳披露项目来甄选供应商，并对供应商进行分类和评估。碳披露项目推出伊始，杜邦便参与其中，对外公布排放数据和相关的气候风险和机遇。所有有关的信息都在杜邦公司网站（www.dupont.com）可持续发展部分进行披露。

杜邦与一些组织合作进行碳排查，公布公司的温室气体排放总量，部分结果经EPA气候领袖项目和芝加哥气候交易所审核。

六、国家电网：绿色发展白皮书

2010年4月《国家电网绿色发展白皮书》（以下简称《白皮书》）发布，该《白皮书》是国内企业首次面向公众发布的绿色发展白皮书。在这份白皮书里，国家电网公司公布了以坚强智能电网为依托的低碳发展战略。随着坚强智能电网的建成，国家电网公司在2011—2020年的未来十年，预计可累积减排105亿吨二氧化碳，2020年当年可减排16.5亿吨二氧化碳，这意味着对国家承诺碳强度的贡献将超过20%。

第二节　企业碳足迹

企业应当对其温室气体排放情况进行详细的、量化的核算盘查，从而建立企业合理的减碳指标。这对于企业低碳发展战略的实施具有重要意义，是企业低碳发展的具体落实。

一、碳足迹的概念

碳足迹（Carbon Footprint）通常也被称为“碳耗用量”，是指企业机构、活动、产品或个人通过交通运输、食品生产和消费以及各类生产过程等引起的温室气体排放的集合。

碳足迹（Carbon Footprint）通常也被称为“碳耗用量”，是指企业机构、活动、产品或个人通过交通运输、食品生产和消费以及各类生产过程等引起的温室气体排放的集合。

可以从两方面对碳足迹进行理解，一是指产品或服务在生产、提供、消耗的整个生命周期过程中释放的二氧化碳和其他温室气体的总量；二是仅指生产过程中导致的温室气体的排放。产品生命周期中的碳足迹对于温室气体排放是至关重要的，并且在二氧化碳核算中被广泛使用。积极参与、努力寻求解决这些挑战的方案，已经成为越来越多对环境负责的企业关注的焦点。

目前，碳足迹认证已在美国百事可乐、法国达能公司等多家企业2500余种商品上得到应用。沃尔玛两年前也要求10万家供应商必须完成碳足迹认证，并贴上不同颜色的碳标签，这意味着中国大量原材料企业、制造商、物流商、零售商必须进行碳足迹认证，承担减排责任，否则将拿不到跨国公司的订单。

二、碳足迹的计算方法

为了鼓励企业实现二氧化碳减排的目标，需要制定一个标准方法去测量和减少整个供应链的碳排放。由于信息透明度、可靠性和一致性的需要，产品或服务的碳足迹和碳排放量控制是至关重要的，同时可以为企业赢得信誉。

为了鼓励企业实现二氧化碳减排的目标，需要制定一个标准方法去测量和减少整个供应链的碳排放。由于信息透明度、可靠性和一致性的需要，产品或服务的碳足迹和碳排放量控制是至关重要的，同时可以为企业赢得信誉。

碳足迹评价正是发展低碳经济的第一步，一些国家和地区，如英国、美国、日本、中国台湾等已在相关企业和机构开始了碳足迹评价工作，并逐步建立起比较科学的计算方法与体系，如PAS 2050、ISO 14064等。

1. PAS 2050

英国是全球低碳经济的积极倡导者和先行者。作为英国国家标准机构，英国标准协会于2009年发布的能量管理体系标准，能够有效地帮助企业提高能源效率，减少温室气体（GHG）排放，降低能源成本。2008年10月，英国标准协会就发布了全球首个产品碳足迹方法标准——《PAS 2050：2008商品和服务在生命周期内的温室气体排放评价规范》。目前，PAS 2050在全球被企业广泛用来评价其商品和服务的温室气体排放。

到目前为止，至少有15种不同的计划/方案来评价产品的碳足迹，如ISO、世界资源研究所（WRI）、法国ADEME、英国的PAS 2050（《商品和服务生命周期温室气体排放评估规范》）等；此外，瑞士、新西兰、日本、韩国、泰国等国家也都有自己的碳足迹计划。

其中，PAS 2050是目前唯一确定的，具有公开具体的计算方法，也是人们咨询最多的产品碳足迹评价标准。它是建立在生命周期评价（Life Cycle Assessment）方法（由ISO 14040 & 14044确立）之上的评价物品和服务（统称为产品）生命周期内温室气体排放的规范。PAS 2050规定了两种评价方法：企业到企业B2B（business-to-business）和企业到消费者B2C（business-to-consumer）。

计算一个B2C产品的碳足迹时需要包含产品的整个生命周期（“从摇篮到坟墓”），包括原材料、制造、分销和零售、消费者使用、最终废弃或回收。B2B碳足迹到产品运到另一个制造商时截止，即所谓的“从摇篮到大门”。

2. ISO 14064

ISO 14064由国际标准化组织于2006年发布，是一个用于自愿量化与报告温室气体排放的国际标准。适用于企业和组织对碳排放进行监测、计算、报告和核实，帮助企业和组织建立起碳排放管理体系并有针对性地做出减排措施。

作为目前应用最为广泛的组织层面的碳排放管理工具，ISO 14064能够帮助企业有效地管理自身的温室气体风险以增强利益相关者（包括投资者、客户和消费者）的信心，应对以下的碳管理需要：

（1）满足客户需求。

目前，很多跨国企业已经从供应链着手，将温室气体管理纳入公司的采购标准和供应商考核标准。基于ISO 14064碳盘查的实施将有利于应对上游采购商的考核要求。

（2）提高投资者的信心。

目前，资本市场已将温室气体资产或负债作为一个考核指标，企业尤其是上市公司正面临更高的温室气体信息披露要求。上市公司可将温室气体信息及管理绩效纳入企业年报或社会责任报告，增强投资者信心，体现企业责任。

（3）降低融资成本。

金融机构的绿色信贷，面向主动采取行动进行节能减排的企业；上市企业的融资，必须符合企业日益严格的气候变化政策和环境保护法律法规要求。温室气体管控有助于降低企业融资成本。

（4）落实减排，降低成本，获取潜在收益。

通过实施ISO 14064，摸清排放家底，找出节能减排的环节和空间并实施减排措施，同时降低运营成本。为参与碳交易、获取潜在经济收益奠定碳管理能力基础。

ISO 14064碳盘查——企业碳排放管理的第一步，企业的碳排放管理是一个循序渐进的过程，摸清企业自身的碳排放情况，即量化和报告企业的温室气体排放，是企业开展碳排放管理的基础环节。

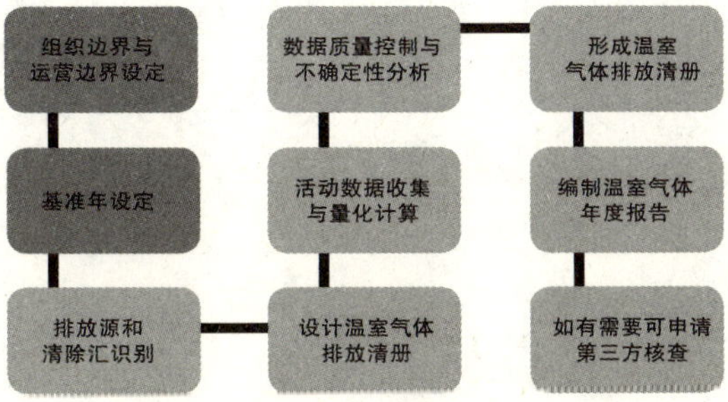

开展ISO 14064碳盘查的基本流程

三、利乐的碳足迹

利乐在中国工厂均开展碳足迹的统计工作，并将所有数据上报到利乐全球总部，由总部进行数据的统

企业的碳排放管理是一个循序渐进的过程，摸清企业自身的碳排放情况，即量化和报告企业的温室气体排放，是企业开展碳排放管理的基础环节。

“温室气体盘查”是针对企业所有可能产生温室气体的来源，进行排放源清查和数据搜集，以了解企业温室气体排放源及量化所搜集的数据信息，从而制订公司的减排计划。

合、邀请第三方审计等工作，并由总部统一负责对外披露工作。

在生产管理环节，利乐在中国的四家工厂均推行WCM（世界级管理制造）管理体系。该体系的“安全与环境支柱”为推行低碳提供了有力的保证和实施规范。按照WCM的规定，环境排放指标应每年保持改进。目前各工厂通过吸收利乐全球先进经验，因地制宜实施项目改造等手段，节能减排策略执行情况良好，保持持续改进状态，并全部取得DNV（挪威验船协会）颁发的ISO 14001管理体系认证证书。

四、青啤：碳足迹盘查

2010年3月，青岛啤酒与中国标准化研究院资源与环境标准化研究所签订了“温室气体盘查项目”咨询协议，与中国质量认证中心签订了“温室气体审定与核查”认证协议。“温室气体盘查”是针对企业所有可能产生温室气体的来源，进行排放源清查和数据搜集，以了解企业温室气体排放源及量化所搜集的数据信息，从而制订公司的减排计划，同时，中国质量认证中心指定青岛啤酒二厂为“中国酿酒工业首家低碳体系（国际标准ISO 14064）定点试点单位”。

2010年8月，青岛啤酒启动出口英国330毫升啤酒产品碳足迹计算项目。公司与相关项目经验丰富的台湾环科公司合作，依据PAS 2050的要求，对产品整个生命周期包括啤酒原料、生产、物流、消费、废弃各环节的碳排放进行计算，通过系统化的数据汇总、分析与研究，找到温室气体减量的环节，带动供应链各环节温室气体减排的速度，推动行业运营模式的升级。整个项目已于2010年12月结束，通过计算，原料及物流环节的碳排放在啤酒全生命周期中的占比最大，是未来减排的重点。

第三节　企业碳标签

碳标签正在逼近中国企业，即使碳标签目前还不是强制性标准。但是，久而久之，消费者也会形成习惯，自觉购买碳标签产品，因而企业应该积极面对，加快推行碳标签。

一、碳标签的概念

所谓碳标签（Carbon Labelling），是指企业利用在商品上加注碳足迹标签的方式引导购买者和消费者选择更低碳排放的商品。其目的是为了缓解气候变化，减少温室气体排放，推广低碳排放技术。具体实现方法是把商品在生产过程中所排放的温室气体排放量在产品标签上用量化的指数标示出来，以标签的形式告知消费者产品的碳信息。

所谓碳标签（Carbon Labelling），是指企业利用在商品上加注碳足迹标签的方式引导购买者和消费者选择更低碳排放的商品。

二、碳标签的理解

近几年，国外不少国家的政府部门和行业协会开始碳标签的应用和推广活动。其中，英国是全球最早对产品推出碳标签制度的国家，2007年3月，英国试行推出全球第一批标示碳标签的产品。之后，日本、法国、韩国、泰国等国也纷纷推出碳标签计划。

碳标签可以通过计算产品生命周期——从原料、制造、储运、废弃到回收的全过程的温室气体排放量，并以标签的形式告知消费者产品的碳信息。从而达到减少温室气体的排放，缓解气候变化的目的。

碳标签可以通过计算产品生命周期——从原料、制造、储运、废弃到回收的全过程的温室气体排放量，并以标签的形式告知消费者产品的碳信息。从而达到减少温室气体的排放，缓解气候变化的目的。

产品或服务标示碳标签有两层意义，一方面其标示的碳足迹信息可以为消费者提供绿色消费向导，有利于购买者和消费者更快地了解产品的环保性能，引导其选择更低碳排放的商品；另一方面，企业也可经由碳足迹盘查实现碳排放来源的透明化，了解生产过程哪个环节会产生较多碳排放，提出改善措施，从而达到减少温室气体的排放、缓解气候变化的目的，促进全球环保事业的健康发展。

三、中国食品行业首张碳标签

从2011年开始，獐子岛虾夷扇贝活品、冻品的每一个装箱上，除了印有每箱虾夷扇贝的编号，还印有虾夷扇贝的碳标签，这是中国食品行业首张碳标签。

虾夷扇贝的碳足迹伴随着其生命周期，即虾夷扇贝产品从养殖、运输、加工、储存、销售，到消费者使用的全过程。它既排放二氧化碳，也吸附二氧化碳。其生命周期中排放二氧化碳的阶段，包括育苗、苗种运输、开船出海捕捞、出售等。虾夷扇贝生命周期中吸附二氧化碳的阶段，是扇贝苗种沉到海底开始自然生长的阶段。

虾夷扇贝碳足迹的认证以1公斤虾夷扇贝柱（冻品）和1公斤虾夷扇贝肉（活品）为单位，从原材料获取、产品制造、运输/分销、消费者使用到最终处置阶段为一个生命周期，计算温室气体的排放情况（以二氧化碳当量形式CO_2e为准）。产品的系统边界包括从种贝接收、暂养、分苗、倒笼、苗种底播、采捕、毛料加工、单冻、包装、储存、冻货品批发、食用及废弃后的处置。

獐子岛虾夷扇贝在养殖过程中有固碳效应，通过两种促进生长的方式使用海洋碳。一种方式是利用海水中的碳酸氢根（主要是碳酸钙）形成贝壳；另一种方式是通过滤食摄取水体中的悬浮颗粒有机碳（包括浮游植物和颗粒有机碎屑等），促进贝类个体软组织的生长。成熟的虾夷扇贝采捕上岸时，实际上也将这部分原属于海底的碳移出海洋，所以贝类的养殖成为“可移出的碳汇”。

SGS专家通过现场调研，确认生产工艺流程，采集样品测试，收集输入输出数据等一系列工作，最终核算出结果：平均每生产一只虾夷扇贝，就相当于减排33.73克二氧化碳；每生产1吨虾夷扇贝，则相应减排约0.2718吨二氧化碳，相当于一年种植11.8棵树。同时也测算出虾夷扇贝两种产品在整个生命周期各个环节的温室气体排放情况。如下表：

1公斤虾夷扇贝柱（冻品）生命周期温室气体排放表

过程	阶段	占比（%）	CO_2当量
原材料获取	稚贝	19.66	1.50
	养殖	1.52	0.12
	采捕	18.80	1.44
产品制造	加工	13.47	1.03
运输/分销	分销	19.63	1.50
消费者使用	消费者使用	26.23	2.00
最终处置阶段	弃置	0.69	0.05
总计		100	7.64

1公斤虾夷扇贝肉（活品）生命周期温室气体排放表

过程	阶段	占比（%）	CO_2当量
原材料获取	稚贝	11.24	0.21
	养殖	0.87	0.02
	采捕	10.75	0.20
运输/分销	分销	44.92	0.83
消费者使用	消费者使用	32.19	0.60
最终处置阶段	弃置	0.02	0.00
总计		100	1.86

分析后发现虾夷扇贝在整个生命周期中，碳排放主要集中在各阶段的几个重要环节，具体如下表：

冻　品

生命周期	活动	数量	排放因子	释放CO_2当量
原材料获取	海运（采捕）	0.3912	3.6705	1.4359
	煤—烧水	0.4768	2.9543	1.4086
产品加工	电—冷冻（单冻机）	0.3800	1.4995	0.5698
运输/分销	海运（永祥—金石滩）	0.1862	3.6705	0.6834
	陆运（金石滩—仓库）	0.1779	3.6705	0.6530
活　品				
原材料获取	海运（采捕）	0.0544	3.6705	0.1997
	煤—烧水	0.0663	2.9543	0.1959
运输/分销	加权平均（15%国内销售空运）	2.2880	0.1370	0.3135
	陆运（金石滩—黑嘴）	0.0568	3.6705	0.2085

通过对表格内容分析看出：

采捕船、运输船在作业过程中燃油和育苗时为提升水温使用锅炉燃煤所排放的温室气体是最多的两个环节；单冻机等制冷设备的使用和陆上运输、空运产品也是不可忽视的环节。

针对这些关键碳排放源，SGS集团给出了一些改进建议：建议锅炉改用清洁能源，如天然气等；考虑地理特点可能性，利用天然资源，使用再生能源，如风能、太阳能等；定期清洁热交换管道，防止不良热交换，确保高效能；保持合适的冷冻温度，避免温度过低，耗能过多；减少空运，使用陆路运输减少碳足

采捕船、运输船在作业过程中燃油和育苗时为提升水温使用锅炉燃煤所排放的温室气体是最多的两个环节；单冻机等制冷设备的使用和陆上运输、空运产品也是不可忽视的环节。

迹；建立温室气体管理系统等。

第四节　低碳产品认证

通过向产品授予低碳标志，可以向社会推进一个以顾客为导向的低碳产品采购和消费模式，吸引整个社会在生产和消费环节参与到应对气候变化的行列中。

一、相关概念

低碳产品认证，是以产品为核心，在产品的整个生产和销售的链条上，都采取低碳的过程和模式，以最低的能耗生产出最优质的产品来。低碳产品认证是政府用半强制化的政策措施推动企业以创新为手段，努力开发低碳产品技术；以产品为导向，引导全社会消费者向低碳的生活模式转变。

近年来，英国、日本、韩国等国家都已进行了很多产品的低碳认证。我国已经实行的环境保护行业标准和产品的环境认证体系，尚没有低碳的相应要求和指标，还只是停留在产品的基本要求、技术内容和检验方法的层面上。

二、中国开展低碳产品认证

国家环保部在参考了国外低碳产品认证发展模式的基础上，决定开展低碳产品认证。国家环保部已经正式公布，将开始低碳经济试点，对产品进行低碳标准的认证，参照原有中国环境标志认证体系，对通过认证的这类产品授予中国环境标志——低碳产品，以表明这类产品对减少碳排放、保护气候方面的积极作用。该认证将在产品包装上印有低碳环境的标识，以此大力推动国家的产业转型和升级以及快速提高企业的创新能力。

国家环保部发布的“中国环境标志低碳产品标准”所要求的各项指标，在很多项目上比欧盟的ROHS指令（即《电气、电子设备中限制使用某些有害物质指令》）还要严格。该标准通过了中国环境标志低碳产品认证，既有利于企业规避诸如碳关税等国际贸易壁垒，也有助于企业在对外贸易中获得更加有利的竞争机会。

中国环境标志低碳产品认证标识

海尔冰箱由于满足国家环保部对能效指数、噪音、有害物质限制上的要求，获得了国家环保部颁发的“中国环境标志低碳产品001号认证证书”，成为中国冰箱行业第一个，也是唯一获此殊荣的品牌。海尔集团冰箱、波轮洗衣机、滚筒洗衣机申报的机型也全部通过中国环境标志低碳产品认证。

1. 从耗电量指标看，通过认证的海尔冰箱的能效指数比达到国家最高能效等级的冰箱还要节能20%左右。以一台215升的冰箱每天的实际耗电量为1千瓦时计算，如果消费者使用同容量的海尔冰箱，一天就会节省0.11元电费。据资料显示，家电产品节省1千瓦时电，就意味着少排放0.997千克二氧化碳。据此计算，一台通过低碳认证的海尔冰箱一年就能少排放72千克二氧化碳。

2. 从安全方面看，海尔冰箱所使用的原材料为环保型材料。由于家电产品的制造会使用大量的塑料件，而这些塑料件通常都会含有镉、铅、多溴联苯（PBB）、氯化酚等对人体有害的物质。这些有害物质会直接导致贫血、失眠、损害肾脏，导致性情抑郁孤僻且急躁、耳聋眼瞎等，严重的可以致癌。而海尔

低碳产品认证，是以产品为核心，在产品的整个生产和销售的链条上，都采取低碳的过程和模式，以最低的能耗生产出最优质的产品来。低碳产品认证是政府用半强制化的政策措施推动企业以创新为手段，努力开发低碳产品技术；以产品为导向，引导全社会消费者向低碳的生活模式转变。

冰箱全部采用环保材料，并采用了比欧盟ROHS指令更苛刻的标准，控制产品的生产过程，保证了冰箱产品的安全健康。

富士施乐的黑白/彩色数码多功能办公设备Apeos Port-IV C5570、Apeos Port-IV C4470等50款产品均成为环境部认证的低碳环保办公产品。这是富士施乐产品继获得节能产品认证、环境标志产品认证之后获得的又一绿色认证。

其中，富士胶片集团的印刷服务，可减少环境负担，是一项主要的“促绿”手段。富士认为：绿色推动了创新，使得企业在研发先进技术的时候，生产出真正能够为大众带来福利的产品，并且也能保护大众的生存环境，所以，创新反过来又推动了绿色的进程。

理光（中国）投资有限公司，为配合环境保护部环境认证中心开展验证工作，于2009年8月接受了鼓粉盒环境标志工厂检查，成为业界首家接受并通过鼓粉盒工厂检查、首批获颁该类别产品的认证证书的企业。 2010年7月1日，国家环境保护部颁布的《环境标志产品技术要求——鼓粉盒》正式实施。2010年11月，理光（中国）出品的19个型号的鼓粉盒获得国家颁布的环境标志证书，成为业界首家获得该类别产品环境标志证书的企业。

理光原装耗材的生产有特定的配方要求，在可熔性、磁性、带电性和精细度方面都有严格的参数指标，不但可提供优良的输出质量，而且更可稳定机器性能并避免各类机器故障及额外维修费用。环境标志证书更印证了理光耗材的碳粉有害物质排放低于标准限量，能够为用户营造一个健康安心的工作环境。理光还提供耗材回收处理，创造良性循环，节约了用户资源。

三、工厂绿色认证

2011年，杜邦太阳能深圳生产厂获得由美国绿色建筑委员会（USGBC）对该厂现有建筑、运营和维护所颁发的能源与环境设计（LEED）金级认证。根据美国绿色建筑委员会的记录，这所杜邦太阳能生产基地是全球首家获得能源与环境设计认证的薄膜光伏电池组件生产设施，也是全球首家获得能源与环境设计——现有建筑（LEED－EB）认证的光伏电池组件工厂。该金级认证是杜邦太阳能最新获得的对其环保努力的认可，同时也是其协助世界减少对石化燃料的依赖的目标的进一步推进。

四、原材料认证

FSC认证是可持续森林经营和管理领域的重要标准，共设立了10项原则和56个标准，以衡量森林经营单位是否实现了“良好经营”。

利乐在原材料采购上有一套周密而严格的环保规定，以确保所有的纸浆均来自管理良好、符合可持续管理原则的森林，并优先选择通过相关权威机构认证的森林，以确保森林资源的良性循环，更支持供应商通过包括森林管理委员会（Forest Stewardship Council™，缩写为FSC）在内的国际权威森林管理认证。2010年，利乐在中国市场正式推出带有FSC认证的包材，以实际行动支持可持续森林管理，促进包装产业链践行低碳原则，并为消费者提供更加环保的包装选择。

利乐包装上出现的“FSC混合来源”认证标签表明其原材料中的纸浆来源于已获FSC认证或已达到可持续管理标准的森林，同时从纸浆到纸板的制造、加工和销售等产销环节也符合FSC认证的严格标准。

五、绿色建筑认证

万科于2009年4月发布《装修材料与室内环境质量控制作业指引》，规范从装修材料到最终室内空气质量控制的作业流程；《限用禁用材料清单》对84种材料做了禁用/限用限制；《装修材料质量控制检索表》按照采购界面划分，对应明确材料的质量标准，为采购与现场材料进场验收提供质量标准检索。下表为万科所具有的绿色建筑认证。

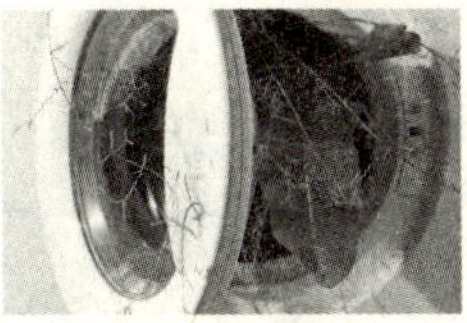

绿色推动了创新，使得企业在研发先进技术的时候，生产出真正能够为大众带来福利的产品，并且也能保护大众的生存环境，所以，创新反过来又推动了绿色的进程。

2010年，利乐在中国市场正式推出带有FSC认证的包材，以实际行动支持可持续森林管理，促进包装产业链践行低碳原则，并为消费者提供更加环保的包装选择。

万科的绿色建筑认证

<table>
<tr><th>项目名称</th><th>低碳技术</th><th>认证</th></tr>
<tr><td>深圳
万科中心</td><td>75%节能
自然通风采光
智能遮阳
光伏发电</td><td>美国能源与环境设计标准（Leadership and Energy and Environmental Design，简称LEED）铂金认证</td></tr>
<tr><td>深圳
万科城四期</td><td rowspan="3">65%节能
可再生能源5%
节水30%</td><td>绿色建筑设计三星（国家建设部评审）</td></tr>
<tr><td>上海
万科城花新园一期</td><td>绿色建筑设计三星（上海市自评）</td></tr>
<tr><td>苏州
玲珑湾三期</td><td>绿色建筑设计三星（江苏省当地评审会认证）</td></tr>
<tr><td>上海
万科朗润园</td><td>60%节能
雨水收集
中水利用</td><td>绿色建筑设计二星（上海市自评）</td></tr>
</table>

第六章　企业低碳产业链协作

企业发展低碳，低碳合作是必由之路。跨国企业低碳协作相对来说，其投资大、周期长，见效相对来说比较慢，是一个循序渐进的过程，不仅需要先进的理念和技术，而且更需要持续的投入。因而，需要更多的跨国公司顺应市场需求，通过技术转移，开展与中国企业的合作，加强长效合作机制。

企业低碳发展不仅要关注资源的有效利用，而且产品使用后的处理，废品、废水、废气、废料的再回收和再利用也应受到重视，这些都是企业低碳发展的重要内容。

“我们要么团结一致，要么被一一绞死。”——本杰明•富兰克林

可持续发展问题，不是单一企业所能解决的。只有政府、公司、NGO需要携手一致，跨越不同领域开展合作，才能凝聚强大的力量。

在全球低碳发展的环境下，不同国家、不同行业、不同企业只有联合起来，才能更好地提高自己企业的生产运营效率。在低碳发展下，企业需要联合国家政府、地方政府、上下游产业链和学术机构各方力量共同推进，以帮助和引导企业探索低碳发展模式，推动低碳经济成长的联合行动。

第一节　跨国企业低碳协作

企业发展低碳，低碳合作是必由之路。中国企业在低碳技术研发、碳足迹总量、低碳标准、低碳品牌价值和碳排放管理机构设置上与跨国公司还有不小的差距；中国企业需要在与跨国公司合作中学习低碳技术，提高碳管理能力，提升在全球低碳产业链中的地位。国外跨国公司低碳产品市场化经验丰富，拥有大部分低碳核心技术，其进行低碳协作的目的是看好中国市场的巨大潜力，抢占未来中国市场，以带来经济效益。

跨国企业低碳协作投资大、周期长，见效相对来说比较慢，是一个循序渐进的过程，不仅需要先进的理念和技术，而且需要持续的投入。因而，需要更多的跨国公司顺应市场需求，通过技术转移，开展与中国企业的合作，加强长效合作机制。双方只有付出长期的努力，才能获得丰厚的回报。

巴斯夫中国公司于2006年在中国可持续发展工商理事会首倡并发起的“1+3”创新项目，使绿色供应链管理提高到一个新的层次。

在这一理念的指导下，巴斯夫发动其合作伙伴向各自供应链上的合作伙伴传播“1+3”理念，通过将可持续发展理念融入核心业务运营的创新方式，提升企业的竞争力，加强与客户的关系，支持与促进业务的开展。形成一个供应链合作伙伴共同发展、共同成长的机制，建立稳定、长期和可持续发展的

供应链。

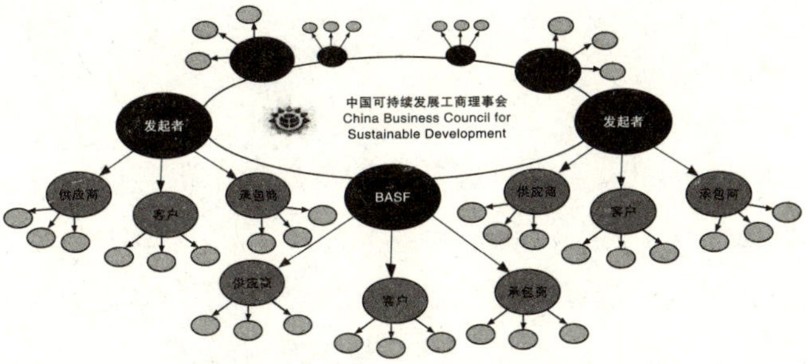

根据“1+3”项目模式，每个公司带动其供应链中三大业务合作伙伴，以“1家会员企业（如巴斯夫）+3个其供应链上的合作企业（供应商+客户+物流服务供应商）”的理想模式，向他们传授可持续发展的解决方案。其交流借鉴的形式非常多元化，包括问卷调查、研讨会和专家团队实地考察等。之后，这些合作伙伴再向自己供应链上的另外三类合作伙伴继续传播这一理念，从而产生“雪球效应”。

2008年，巴斯夫与其6个合作伙伴成功地完成了首轮“1+3”项目。2009年起又先后与新的12家合作伙伴启动第二轮“1+3”项目，并于2011年完成。2012年3月，巴斯夫与9家合作伙伴共同启动第三轮“1+3”企业社会责任项目。

巴斯夫通过与中小企业开展项目，一方面巩固了彼此的信任度，加强了彼此长期战略合作伙伴关系，另一方面也大大提高了参与合作伙伴企业的社会责任意识。例如，合作企业对员工的工作环境、生产过程中的减排等方面给予了更多的重视。

巴斯夫通过与中小企业开展项目，一方面巩固了彼此的信任度，加强了彼此长期战略合作伙伴关系，另一方面也大大提高了参与合作伙伴企业的社会责任意识。

第二节　低碳采购与供应商管理

气候变化给供应链带来的影响和风险是毋庸置疑的，这源于供应链将产品或服务提供给最终用户活动的所有上游与下游企业所构成，在其链节上包括了供应商、制造商、分销商、零售商以及最终用户等众多个体。为了发展低碳经济，所有链节上的企业应尽快对节能低碳达成共识，并采取积极行动。

一、 招商地产尝试绿色采购

房地产是资源整合型行业，处于建筑产品开发链的始末两端，具有对建筑产品实施全过程碳排放掌控的条件。在日常具体的采购招标活动中，其对采购产品的绿色低碳指标要求非常重视，通过详细条款，约定采购物品必须达到或超过国家规定的绿色健康指标值。如对墙地砖、石材、涂料等详细约定对人体有害的微量元素排放、矿物质辐射的等级和规范要求。通过对采购产品进行绿色评估，实现房地产开发链中各类可控资源的优化组合。

招商地产采取“生态采购和环境保护式”采购观，不摒弃循环使用资源的产品，与供应商共同倡导对自然环境的保护，实现人类持续发展与人类自然生存环境互利互生的局面。同时有意识支（扶）持中小型工业企业或社会民族传统产业，坚持“清洁生产、循环使用资源、适度保护民族传统工业”的采购理念，以促进可持续发展的大好趋势。

招商地产在日常采购过程中不断向供应商强调绿色采购理念，如在电梯采购中公司非常关注电梯公司的能源再生技术，重视电梯公司对电梯运行中耗费的电能重新收集转化并再利用的能力，以此促进电梯公司重视绿色节能和环保的技术发展。这充分体现了公司在履行自身社会责任的同时，带动合作供应商共同承担社会责任，引领社会节能环保意识的提高，达到共同进步。采用霍尼韦尔、江森自控和施耐德电气控制作为楼宇自动化的控制系统，充分考虑楼宇智能控制在节能环保中的重要作用，通过智能控制就能将楼宇的耗能减少10%左右，由此带来的节能效益每年约为50万元。公司把佛山照明的T5型日光灯和镇流器作为集团采购名单，同样类似的还有菲利普、欧司朗和通用电气的节能照明灯具等等。通过照明的节能，每年节约的照明电费约为40万元。

招商地产采取“生态采购和环境保护式”采购观，不摒弃循环使用资源的产品，与供应商共同倡导对自然环境的保护，实现人类持续发展与人类自然生存环境互利互生的局面。

二、通用电气帮助供应商提高EHS管理能力

通用电气对中国的供应商在环境、健康与安全（EHS）、本地工资和法定工作时间等方面的要求，与公司在世界其他地方采用一样的标准。通用电气只与那些尊重当地有关就业、环境、健康和工作场所以及社区安全法律的企业合作。

在持续提高通用电气自身工厂在环境、健康与安全（EHS）绩效的同时，通用电气还继续探索新的发展方向以帮助通用电气供应商提高他们的EHS管理能力。在中国通用电气拥有数量庞大的供应商，并且非常重视建立有效的途径鼓励供应商提高整体的EHS、劳工和安防的管理能力，以及解决有针对性的问题。通用电气采用由公司内部EHS审计人员或者公司环保项目人员组成的团队进行现场检查的方式，对相关项目的实施进行验证。通过这一系统，通用电气推动中国的供应商获得了数千项环境许可，提高了他们的环境绩效并促使其遵守环保法律。

在中国通用电气拥有数量庞大的供应商，并且非常重视建立有效的途径鼓励供应商提高整体的EHS、劳工和安防的管理能力，以及解决有针对性的问题。

通用电气也同非政府组织和社区一起研究多种渠道支持和鼓励供应商改善他们的环保、生产安全和劳工管理的绩效情况。例如，要求通用电气的供应商审核员利用公共与环境研究中心（IPE）的网站来检查供应商合规性的信息。通用电气采取初期检查和复审的方式，督促和鼓励供应商采取措施进行整改。从2002年开始，中国已有3875个供应商接受审核或审查。仅2009年，共发现34857个审核问题，其中的94.34%的问题在2009年年底前整改结束。

三、雷士照明对供应链企业的低碳筛选

雷士照明近年来积极配合国家政府财政补贴高效照明推广项目，向全国普及节能灯、LED等低碳节能照明产品。

在供应链的把控上，雷士照明不但看供应链企业能否提供节能、环保、符合低碳减排特色的材料或产品，而且更注重供应链企业的生产能力、发展规模，考核这些供应链企业是否合法经营生产，是否具备环保资质，是否与雷士致力绿色光环境、发展低碳减排的理念相符合，从众多供应链企业筛选少量的，具备节能生产实力的供应链企业作为雷士的战略供应商伙伴，然后每年按照标准进行严格地考核和把关，从而确保雷士在供应链上实现长期的低碳把控。

四、美的绿色低碳供应链管理

美的集团不断加强其绿色低碳供应链管理，按照ISO 9000质量管理、ISO 14001环境管理以及QCO 8000有害物质管理体系运作，技术上以ROHS、REACH、ERP等环保指令法规作为管控标准，联同供应商一起减少零部件及产品在生产和储运环节的碳排放，目前阶段主要举措如下：

1. 园区建设上采取联动供应商协同就近建厂形式，物料配送采用恰时（JIT）模式，缩短物流半径，减少物料运输过程中的碳排放。

2. 向供应商输出管理，包括部件开发、ODM协同开发以及生产流程重组，重要原材料美的集中购买配送，协同推广精益生产，从部件设计和生产源头上通过技术手段降低碳排放。

3. 推动供应链一体化信息建设，实现供应资源的网络化调配，推动无纸化订单运作，降低供应商管理活动中的碳排放。

五、广汽本田致力于全产业链导入环境保护

自2004年起，广汽本田在供应链方面实行“绿色采购”，向国产供应商推广ISO 14001体系，加强零部件供应源头的环境管理，从源头上保障环境保护。广汽本田要求供应商导入ISO 14001环境管理体系，推进物流供应商“绿色配送”。预计到2015年，广汽本田全部供应商将通过ISO 14001体系认证。

六、香格里拉酒店关注供应链

从1971年新加坡第一间香格里拉酒店开始，香格里拉酒店集团以香港为大本营，不断向国际迈进，现已成为亚洲区最大的豪华酒店集团。集团围绕企业社会责任（CSR）的五个关键方面积极推进企业的“可持续发展”品牌，这五个方面是指环境、健康与安全、员工、供应链和利益相关方关系。

供应链是酒店社会责任关注的五个领域之一，酒店邀请独立第三方对重点的供应商进行全面的审核，同时，这些供应商都了解并支持香格里拉的CSR策略。酒店一直在寻找和选购更为低碳和环保的产品，比如，在进行客房清洁的时候，采用的是经认证的绿色清洁产品；客房的洗浴用品都采用低碳可降解的产品；酒店采用低温洗涤系统，减少能源和水的使用。

七、兴业银行的绿色采购

兴业银行始终致力于公司绿色运营的实现，实行绿色运营的标准化管理，严格执行办公用品管理，专门制定《兴业银行大宗物品采购管理办法》等相关办法，对供应商的选择要求符合节能环保与绿色理念，将节能减排、绿色环保、供应商环境与社会绩效、国家节能认证纳入设备、办公用品等采购标准，并在实际采购中加以应用。

八、中国平安选择低碳供应商

中国平安保险（集团）股份有限公司2008年推出了有“绿色保险”之称的环境污染责任险，为环境污染带来的风险及时提供保险保障。

2010年开始，中国平安正式在供应商管理办法中明确规定，合作对象的选择需具有良好的环境表现，以实现公司的绿色采购。在同等条件下，优先选择取得环

中国平安保险（集团）股份有限公司2008年推出了有“绿色保险”之称的环境污染责任险，为环境污染带来的风险及时提供保险保障。

境管理体系认证和产品获得环境标志的供应商；供应商入库的基本条件之一是，需符合国家相关环保法规要求；逐步在招标等环节实施对采购物品及供应商环保测评，逐步增加供应商库中的绿色供应商占比。

九、青啤的绿色合力

1. 青岛啤酒一直致力于构建和谐价值链

青啤认为，只有供应链上有绿色合力，全社会才能给力低碳。公司倡导“共盈、共赢、共荣”的供应链管理理念，认为供应商和经销商是青啤价值链上不可或缺的战略合作伙伴，而消费者的喜好和认可是青岛啤酒最终和最高的追求目标。就供应商而言，原料、辅料的品质对青岛啤酒的质量具有关键作用。和大多数公司一样，青啤公司面临着价值链中的多种挑战，为此其采取了对供应商进行选择、辅导和培训、沟通和监督等多种举措，确保在力所能及的领域内产生积极的影响。

建立对供应商数据化的综合评价体系来选择和优化供应商。除了关注产品质量和技术标准要求外，供应商合规性评审和检查结果也是选择和评价优质供应商的重要依据，以此推动供应链整体社会责任绩效的提高。

2. 与合作伙伴建立长期稳定的合作关系

青啤通过公司先进管理经验的输出，帮助供应商创新技术，改进质量管理，提高采购集中度，发挥规模效益，提高青啤产品在供方的份额，加大青啤的话语权和对供方施加影响的力度，在集中采购的过程中，通过“五个统一”（统一采购战略、统一执行标准、统一比价体系、统一供方关系、统一采购执行）的执行，确保集约化采购战略的实现。

公司采取就近供应原则，尽量加大当地供方供应量，不仅降低了公司的物流成本和运输过程的碳排放，保证及时供应和服务；而且采购量的提高，也大大地带动了当地尤其是对贫困地区和不发达地区的经济发展。定期与供应商召开专题会议，走访重点供应商，深入探讨技术创新、产品和管理改进良策。通过召开全球供应商大会的方式，与供应商伙伴交流思想，达成共识。

十、三星与相关方共赢

三星在其经营的五大原则中规定，重视环保、安全和健康，与相关方共赢，以世界级的标准要求自身，将三星的绿色文化贯穿于所有的运营过程，融入采购、产品设计、生产等各个环节，并且用三星对相关方的持续影响，在保证相关方的业务稳定和持续发展的同时，促进其积极投入环保事业。

2011年中国三星成立“协力社遵法经营支援委员会”，对全国范围内213家供应商进行环境污染物排放、废弃物管理等诊断，环境法律法规及标准的教育。并邀请供应商参观三星工厂，介绍三星先进的管理模式和经验。另外，中国三星设置供应商检索制度，每月在相关网站检索环境信息进行反馈。

三星为了研发考虑产品生命周期的绿色环保产品，制定环保材料及部件采购政策，通过实施环保设计，推出包括Smart TV及手机在内的多种高效节能环保产品，2010年产品使用产生的二氧化碳减少了1085万吨。

近3年来，中国三星实施废水及化学物质再利用项目，对办公室垃圾进行分类处理，再利用工业用废弃物预防环境污染，以及进行废热资源再利用。温室气体减排量如下：

项目	2007年	2008年	2009年	2010年
总产值（亿元）	1390	1592	1621	1870
总排碳量（ktCO_2e）	859	994	836	811
公司数（个）	22	23	25	26
单位排放量（ktCO_2e/万元）	0.062	0.062	0.052	0.043

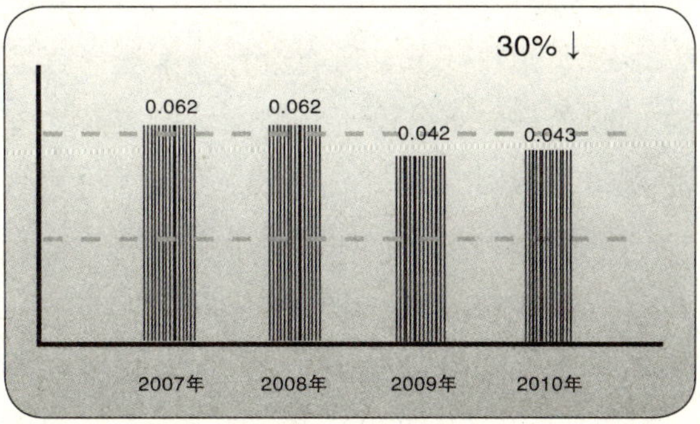

第三节　资源利用与回收

在产品的整个生命周期中，对产品使用后的回收与再利用、生产原料的循环利用、废弃物处置、废气废水排放等同样应该进行严格的监控和管理。企业低碳发展不仅要关注资源的有效利用，而且产品使用后的处理，废品、废水、废气、废料的再回收和再利用也应受到重视，这些都是企业低碳发展的重要内容。

一、理光实现“零垃圾”，有限资源无限利用

全球领先的数字办公解决方案提供商——理光几十年来作为环境经营上的企业表率于2003年就制定了“零垃圾”活动的实施规则，在全球范围推行“零垃圾”活动。2011年，理光上海分公司和北京分公司相继搬迁之后也开始全面实施“零垃圾”活动。如今，理光已然成为国内OA行业中率先实现“零垃圾”的企业。

“零垃圾”活动作为理光集团推出的废弃物处置管理的评价基准，是理光环境经营理念三大支柱之一的“省资源”理念的一环。“零垃圾”的核心思想就是企业内部产生的废弃物的再资源化。理光所提倡的“零垃圾”标准比国际上普遍认同的“零垃圾”标准要高。理光将“零垃圾”标准分为3个级别，最低级的产业废弃物零填埋，在理光内部不被认可为“零垃圾”。理光中国2011年获得社会环境部的认可，取得“零垃圾”级别2的认可，就是在产业废弃物进行再资源化的基础上，将一般废弃物也进行管理。

理光实现“零垃圾”的第一步是分类处理环节，理光根据废弃物的产生量、体积，以及处理方式的不同，将公司内产生的废弃物分成了14类，并且制作分类垃圾桶和分类柜。第二步就是回收环节，所有废弃物都选择有资质的运输公司和处理厂商，进行定期回收处理。在处理工厂中，这些废弃物将被进一步地分离，通过物理或化学手段将里面的各种物质提纯，制作成新的原料。值得一提的是，在中国属于危险废弃物的荧光灯管，是不可以随意丢弃的。理光已经与有资质的运输和处理厂商签订合作协议，将公司废弃的荧光灯管全部收集起来，交给他们处理。除此之外，理光还会定期对所有的运输公司和处理

工厂进行管理，包括现场监查、资质审核、数据管理等，确保废弃物根据要求100%进行了再资源化。

“零垃圾”活动作为理光集团推出的废弃物处置管理的评价基准，是理光环境经营理念三大支柱之一的“省资源”理念的一环。“零垃圾”的核心思想就是企业内部产生的废弃物的再资源化。

二、兴业银行资源循环利用

兴业银行根据可持续发展理念的要求，制定并有效地推广实施《兴业银行办公节能管理办法》，细化日常能耗管理，强调资源的循环利用。

在资源循环利用方面，兴业采取了明确的管理措施，涵盖用电管理、用水管理、车辆管理、办公消耗、基建工程等各个方面，将电、水、纸、燃油办公消耗纳入日常监控和统计范围，例如要求办公建筑照明应当尽量利用自然光源，使用高效节能照明灯具，优化照明系统的设计，采用限时开启、隔盏开灯等方式改进电路控制，推广应用智能调控装置，严格控制建筑外部泛光照明以及外部装饰用照明；使用通用耗材替代原装耗材；要求采购节能环保的办公用品，使用再生纸印制名片；采用先进节能技术、优化工作流程，逐步淘汰能耗高、效率低的设施和设备；要求选择有环保资质的机构对兴业废弃设备进行回收；完善电子工作流程，发挥电子办公、网络办公的优势，倡导无纸化办公，要求尽可能使用再生纸，减少纸质文件量，提倡双面用纸和复印纸再利用；将环保和节能作为办公设施更新、办公用品采购和选择物业外包服务商的重要标准。

在资源循环利用方面，兴业采取了明确的管理措施，涵盖用电管理、用水管理、车辆管理、办公消耗、基建工程等各个方面，将电、水、纸、燃油办公消耗纳入日常监控和统计范围。

三、杜邦资源重复使用和循环利用

杜邦公司通过节水、各种资源的重复使用和循环再利用措施，减少非可再生资源的使用，来实现企业低碳发展。简要举例介绍如下：

1. 减少用水量

杜邦公司位于荷兰多德雷赫特（Dordrecht）的

高性能聚合物工厂，生产特种聚甲醛树脂，供应汽车和消费市场。该工厂竭力减少浪费，提高可持续发展的水平。

该工厂与通用电气的电气及水处理部门合作，对杜邦™ Delrin®聚甲醛树脂生产工艺过程中的一座关键冷却塔进行改造，结果不仅提高了它的运行效率，而且还减少了它的用水量——每年少用淡水10万立方米，相当于多德雷赫特市700个普通家庭一年的用水总量。

这个项目还带来了其他一些积极的结果：安全性方面，每年补水的次数从130次减少到15次；运行成本和环境保护方面，补水次数减少后，二氧化碳排放量也随之减少。

2. 废弃物的利用

杜邦公司旗下的合资公司山东登海种业—先锋种业有限公司在酒泉工厂设计烘干环节时，将玉米脱粒之后剩余的废弃物——玉米芯——变废为宝，作为主要燃料来获取玉米种子在整个烘干过程中所需要的热量。除此之外，几乎无须任何补充燃料，也不会产生其他废物排放问题。

3. 废旧纸张回收换绿植

杜邦在全球范围内，推行电子办公，鼓励采用双面打印，将不涉及机密信息的废旧纸张进行集中回收。以杜邦上海办公大楼为例，公司为鼓励员工做好文档管理，将废旧纸张进行集中回收，用以购买绿色植物来装点办公空间。仅2011年10月一次，共回收纸张2000多公斤，换购绿色植物450盆。

四、雷士照明加强废旧灯具的回收利用

作为灯具企业，雷士照明公司的资源循环利用，是体现在废旧灯具的回收利用上，虽然灯具回收利用在国内照明行业内并未广泛推行，但实际上雷士已在企业集团内部开展了这方面的回收利用。比如，将废弃的玻璃和金属等物料回收加工后，变废为宝，就变成精美灯饰品。

而工厂其他工业废品，有专门的回收公司进行分类筛选、回收利用或处理。

五、联想固体废弃物处理

联想产品使用环保消费类再生塑胶，减少了对原生材料的使用，提高了资源的循环利用率。从2005年起，联想总计使用了约10000吨的环保消费类再生塑胶，相当于使用了约700万个废旧水瓶。2010—2011年，联想全线Think

Vision显示器产品的塑料部件使用了25%以上（以重量计算）低卤素含量的PCC。Think Centre M系列有超过30%的塑料部件由PCC组成。

在固体废弃物处理方面，联想在生产及运营中所产生的固体废弃物主要来自于生产过程中所需的包装、运货托盘及电池、日光灯、冷却剂等。其中联想设计的运输包装均可重复使用10次以上，使用期满还可回收进行再利用。对在生产运营过程中使用过的电池、日光灯等有害废弃物均根据当地法规，经由专业机构进行妥善处理。2010—2011年，联想（中国）的工厂及办公场所共产生无害固体废弃物7834.2吨，其中只有不超过1.8%（137.7吨）的固体废物进行了填埋处理和不超过1.2%（92.9吨）的固体废物进行了焚烧处理，其余均实现了循环再利用。

公司为鼓励员工做好文档管理，将废旧纸张进行集中回收，用以购买绿色植物来装点办公空间。

将废弃的玻璃和金属等物料回收加工后，变废为宝，就变成精美灯饰品。

六、美的利用技术促进资源循环利用

在常规废物回收利用的基础上，美的结合自身产品的特点，从产品技术上和重点用能设备上促进资源的循环再利用：

1. 在资源循环利用方面，美的开发了世界上第一台热水机，能够实现对空调室外机的余热回收，并从空气中吸收热量，综合能效比最大达到6.3，在正常制冷制热的同时，利用回收的热量提供热水，最大可能地实现热能的重复利用。

2. 针对生产过程中如大型注塑机等重点用能设备，实施中央供料集中系统改造，推进电饭煲内锅等热融性连续装配工艺，减少电能的消耗以及中间库存周转的碳排放。

3. 对生产过程中产生的污水通过处理站处理后，进行再利用。

七、香格里拉酒店集团资源回收

香格里拉酒店集团将低碳管理作为企业日常运营管理的一个部分，同时也是香格里拉实施企业社会责任的一个组成部分。每家酒店都有企业社会责任委员会，由酒店的副总经理牵头，低碳和环境项目由酒店的工程部门具体负责，由他们协调各个部门制订方案，并参与实施。

集团鼓励各个酒店进行资源的回收和利用：参与了惠普的可回收计划，电脑等废弃物都会被回收；在气候合适的区域，鼓励酒店利用有机垃圾进行堆肥，减少了20%的厨余垃圾，同时减少了30%的化肥使用；在办公室里，要求对纸张进行双面使用，同时对纸张的使用情况进行统计，以减少纸张的使用等。

八、青岛啤酒废料综合利用

青岛啤酒承诺遵守环境法律法规，实施节能减排新举措，持续改进环境绩效，争做啤酒行业楷模。通过系统的环境管理和严格的过程控制，不仅有效地减少了对资源能源的消耗和对环境的影响，而且环境绩效也得到显著提高。

2010年青岛啤酒废料综合利用价值同比提高37.77%，其中包括联合相关企业把废酒糟、废酵母开发为饲料；将沼气作为燃料使用；对废纸箱、打包带等进行回收；联合相关企业，对污水处理过程中产生的污泥进行处理作为花肥；对发酵过程中的二氧化碳进行回收，实现了二氧化碳零采购。

1. 废弃物排放量

2010年公司在酒糟、废酵母、麦根、废包装物等方面的回收利用率达到了100%，综合利用价值达到1.58亿元，比2009年的1.3亿元提高了21.5%。

2. 二氧化硫

2010年公司采取了多种控制措施，单位SO_2排放量为0.22千克/千公升，削减率为12%，优于目标值7个百分点，实现了二氧化硫排放总量持续降低5%的目标。同时，2010年公司锅炉烟气排放达标率为100%。

3. COD

2010年公司单位COD排放量为0.35千克/千公升，COD削减率8.1%，优于目标值3.11个百分点。

九、利乐的环保价值链

利乐包装的环保价值体现在生产链条的方方面面，而除了在生产过程的每个环节都注重环保之外，利乐公司的环保事业还着眼于产业链的两端：

1. 从产业链的上游，利乐十分注重原材料的可再生性。纸包装本身就是唯一采用可再生资源的液体食品包装方式。2010年，利乐在中国市场正式推出带有FSC认证的包材，计划两年内推出140亿包。此举不仅为客户环保加分，而且也为消费者提供了更环保的包装选择。

2. 在产业链的末端，利乐在促进消费后牛奶饮料纸包装的回收方面进行了大量的努力。利乐包装为六层复合纸包装，其中约75%的成分为优质长纤维纸浆，这些纸浆无疑是再生纸的优质原料。利乐积极促进消费后牛奶饮料纸包装的社会回收工作，并支持开发利乐包装的回收再利用技术。目前，一条新兴的废弃复合纸包装回收产业链正从南到北逐渐形成，上海、杭州、深圳等地都建立了专业的回收厂。通过专业厂家的处理和加工，废弃利乐包装能够生产出再生纸、地板、垃圾桶、衣架、乒乓球拍、托盘等一大批生活用品和工业用料，既有益于环保，又给社会带来了良好的经济效益。

通过专业厂家的处理和加工，废弃利乐包装能够生产出再生纸、地板、垃圾桶、衣架、乒乓球拍、托盘等一大批生活用品和工业用料，既有益于环保，又给社会带来了良好的经济效益。

十、海尔废旧家电回收

海尔参与投资建设了中国第一个国家级静脉产业类生态工业园的废旧家电回收处理示范项目。该示范项目是我国目前面积最大、设备最为先进的具有自主知识产权的家电回收处理项目。年处理能力为60万台（套），在减少废旧家电对环境污染的同时，可回收大量的可再生利用原材料。

海尔集团利用其庞大、完善的销售和售后服务网络，采用逆流的方式回收废旧家电。

海尔集团利用其庞大、完善的销售和售后服务网络，采用逆流的方式回收废旧家电。在处理设备方面，海尔集团利用其在产品开发方面的技术优势，对处理设备优化、组合、搭配、最终组成等方面进行了研发，并取得了突破。废电冰箱处理、废电视机显像管无污染拆解已经完成了装置的试制，并进行了初步调试。废旧家电中有价金属的回收技术、超临界氧化回收贵重金属技术、线路板元器件的高效拆解技术等已完成了实验室最佳工艺的选择。

第七章　企业低碳的政策环境

我国发展低碳经济不仅要借鉴发达国家的成功经验，而且还要联系经济发展的实际和特点，在法规制度、资金筹措、工作程序、低碳意识教育等各个方面，采取一系列激励政策和措施，以构建支撑低碳经济发展相应的政策体系和机制。

应对气候变化，需要各国制定相关的优惠或扶持政策，比如有利于低碳发展的资金机制，产业政策，税收、补贴、贸易以及技术研发与推广的政策，而且这些政策工具还需要相互配合。各国国内政策工具之间的协调，以及与其他国家政策之间的协调，既有利于应对气候变化，也有利于全球碳市场的健康发展。

第一节　各国的碳政策

我国发展低碳经济不仅要借鉴发达国家的成功经验，而且还要联系经济发展的实际和特点，在法规制度、资金筹措、工作程序、低碳意识教育等各个方面，采取一系列的激励政策和措施，以构建支撑低碳经济发展相应的政策体系和机制。

一、国外低碳激励政策

（一）美国

美国是世界上低碳经济研发投入最多的国家，2009年2月联邦政府向国会提交了它的2010年（2009年10月1日实施）年度预算。根据该预算，仅对清洁燃煤技术的研究就提供了150亿美元的拨款。英国计划到2020年投入1000亿美元，建设7000座风力发电设备。截至2009年12月，主要发达国家已宣布的低碳经济发展计划的资金规模已经超5000亿美元，但目前全世界每年节能减排融资缺口仍高达1700亿—3000亿美元。在此形势下，如何解决巨大的融资缺口，把握碳交易市场的机会，建立健全支持企业低碳发展的融资支持体系显得尤为重要。

（二）德国

德国政府提出实施气候保护高技术战略，先后出台了5期能源研究计划，以能源效率和可再生能源为重点，为“高技术战略”提供资金支持。2007 年，德国联邦教育与研究部又在“高技术战略”框架下制定了气候保护技术战略。该战略确定了未来研究的4个重点领域，即气候预测和气候保护的基础研究、气候变化后果、适应气候变化的方法和与气候保护的政策措施研究，同时通过立法和约束性较强的执行机制制定气候保护与节能减排的具体目标和时间表。

欧盟在平衡与协调各成员国的基础上，于2007年通过了欧盟战略能源技术计划，其目的在于促进新的低碳技术研究与开发，以达成欧盟确定的气候变化目标。欧盟为自己确定的应对气候变化目标是：到2020年减少20%的温室气体排放量，到2050年则希望将温室气体排放量减少60%至80%，并且提出，若其他主要经济体也能承担此挑战性责任，则愿意在1990年的基础上削减到30%。2008年12月，欧盟各成员国最终就欧盟能源气候一揽子计划达成一致，批准的一揽子计划包括欧盟排放权交易机制修正案、欧盟成员国配套措施任务分配的决定、碳捕获和储存的法律框架、可再生能源指令、汽车二氧化碳排放法规。

（三）英国

1．气候变化税。英国政府为了提高能源效率和促进节能投资，对工业、商业和公共部门提供能源产品的供应商征收气候变化税。气候变化税不设起征点，对不同的能源品种设定不同的税率。同时还规定了一些税收豁免和税收减免政策，如对来自可再生能源的电力、用于电解过程的电力等免缴气候变化税。

2．气候变化协议。英国政府为了减轻气候变化税的征收对能源密集型产业造成的负担，实行气候变化协议。其主要内容为：能源密集型工业的每个部门确定2002年至2010年的能效目标或温室气体排放目标，每两年为一个目标期，对完成协议能效或温室气体减排目标的企业实行减免80%的气候变化税，对不能实行协议承诺的温室气体或提高能效目标的企业实行补

如何解决巨大的融资缺口，把握碳交易市场的机会，建立健全支持企业低碳发展的融资支持体系显得尤为重要。

欧盟为自己确定的应对气候变化目标是：到2020年减少20%的温室气体排放量，到2050年则希望将温室气体排放量减少60%至80%，并且提出，若其他主要经济体也能承担此挑战性责任，则愿意在1990年的基础上削减到30%。

交全部气候变化税。

3．排放贸易机制。英国政府允许加入气候变化税协议的企业参与碳排放贸易机制，以买卖各企业允许的碳排放配额的方式来实现气候变化协议的要求，实现节能减排的目标。

4．碳基金。碳基金是一个由政府投资，按企业模式运作的独立公司。其资金主要来源于气候变化税，由政府直接拨款用于促进减排和有利于英国低碳经济发展的各项活动。其重点活动领域为：能马上产生减排效果的活动，通过多种服务方式帮助和促进企业和公共部门制定和实施投资效率高的减排措施，提高能源效率。通过赠款、贷款、建立创新基地或“孵化器”等方式鼓励新的节能技术和低碳技术的研发和创新，开拓和培育低碳技术市场。通过信息的传播和咨询，向公众、企业、政府提供低碳经济发展的相关知识，提高其应对气候变化的能力。

（四）日本

1．“新阳光计划”。主要研究可再生能源技术、化石燃料应用技术、环境技术等，以加快太阳能光伏电池、燃料电池、氢能以及地热能的开发利用。计划到2050年可再生能源等替代能源将占能源供应的50％以上。

2．成立专门推进机构。1974年，日本政府设立了“阳光计划推进本部”，推进了新能源技术的研究与开发。2003年专门成立了新综合能源开发机构，该机构负责新能源技术及可再生能源研发与推广普及工作。

3．“碳足迹”标示制度。为了控制温室气体的排放，从2009年起，日本开始试行“碳足迹”标示制度，即将一项产品或服务在原料调配、制造、流通／销售、使用、废弃／回收等5个阶段排出的温室气体折算成二氧化碳排出量，然后在产品的包装上加以标示。这是使二氧化碳排放量“可视化”的有效手段。

4．碳排放权交易制度。这是一项温室气体排放配额自由买卖的制度。2008年10月21日，根据日本内阁府地球温暖化对策促进本部的决定，该制度开始正式实施。企业自主设定减排的目标，由政府审核通过后，企业为达成该目标进行减排。企业间可以相互购买剩余的排放量，该制度主要是为了降低产业界整体的二氧化碳排放量。

5．在税收方面，为了鼓励企业和社会节能，实施了多项财税政策。如：

补助金制度，其主要内容为对企业引进节能设备、实施节能技术改造给予总投资额1/3到1/2的补助，对企业和家庭引进高效热水器给予固定金额的补助，对住宅、建筑物引进高效能源系统给予其总投资1/3的补助。同时进行了税制改革，日本政府规定使用指定节能设备，可选择设备标准进价30%的特别折旧或者7%的税额减免。还有特别折旧制度，又称加速折旧制度，对于不同的环保设备，在其原有折旧的基础上可再增加一定比率的特别折旧率，调动企业对于环保投资的积极性。

6．节能标签制度。即按能耗级别在产品上加贴标志，标志必须包含产品名称、型号、能源使用效率比率、功率、能源消耗量等信息，引导和鼓励消费者购买节能家电。该制度于2000年8月开始施行，截至2007年8月，日本已对空调设备、电冰箱、电视机、电子计算机、变压器及微波炉等16种产品实施了该制度。

通过信息的传播和咨询，向公众、企业、政府提供低碳经济发展的相关知识，提高其应对气候变化的能力。

二、国内低碳激励政策

国家《“十二五”控制温室气体排放工作方案》指出加强应对气候变化工作机构建设，逐步健全国家温室气体排放控制监管体制。推动建立应对气候变化领域的相关服务、咨询机构。强化应对气候变化工作与优化产业结构和能源结构、节能提高能效、生态保护等工作的协同合作，完善部门间的沟通协调机制，深化相关领域改革，加强财税、金融、价格、产业等政策的协调配合。

1．12个部门印发《万家企业节能低碳行动实施方案》

2011年12月，国家发展改革委、教育部、工业和信息化部、财政部、住房城乡建设部、交通运输部等12个部门联合印发了《万家企业节能低碳行动实施方案》。万家企业是指年综合能源消费量10000吨标准煤以上以及有关部门制定的年综合能源消费量5000吨标准煤以上的重点用能单位。初步统计，2010年全国万家企业共有17000家左右，能源消费量占全国能源消费总量的60%以上。

“十二五”期间，国家将从强化目标责任、建立能源管理体系、加强能源计量统计、开展能源审计和编制节能规划、加大节能技术改造力度、加快淘汰落后用能设备和生产工艺、开展能效达标对标、健全节能激励约束机制、开展节能宣传与培训等方面加强万家企业的节能监管，力争“十二五”期间实现节能2.5亿吨标准煤。

2. 新《清洁发展机制管理办法》出台

2011年10月，国家发改委发布了《清洁发展机制项目运行管理办法》修订版，2005年10月12日施行的《清洁发展机制项目运行管理办法》同时废止。和原来的管理办法相比，修订的管理办法有如下变化：一是项目申报程序。除了列出的41家中央企业直接向国家发改委提出清洁发展机制合作项目的申请外，其余项目实施机构向项目所在地省级发改委提出清洁发展机制项目申请。二是国家对项目实施机构减排量转让交易额分配比例重新做了规定。三是添加了法律责任的内容。

修订的管理办法规定，项目所在地省级发改委在受理除附件所列中央企业外的项目实施机构申请后20个工作日内，将全部项目申请材料及初审意见报送国家发改委，且不得以任何理由对项目实施机构的申请作出否定决定。对申请材料不齐全或不符合法定形式的申请，项目所在地省级发改委应当场或在5日内一次告知申请人需要补正的全部内容。

3. “十二五”节能减排全民行动实施方案

为贯彻落实《国务院关于印发“十二五”节能减排综合性工作方案的通知》（国发〔2011〕26号）和温家宝总理在全国节能减排工作电视电话会议上的讲话精神，进一步深化节能减排全民行动，充分调动全社会参与节能减排的积极性，国家发展改革委会同中宣部、教育部、科技部、农业部、国管局、全国总工会、共青团中央、全国妇联、中国科协、解放军总后勤部、全国人大常委会办公厅、全国政协办公厅、财政部、环境保护部、国资委、中直管理局共同制订了节能减排全民行动方案，组织开展家庭社区、青少年、企业、学校、军营、农村、政府机构、科技、科普和媒体等10个节能减排专项行动，通过典型示范、专题活动、展览展示、岗位创建、合理化建议等多种形式，广泛动员全社会参与节能减排，倡导文明、节约、绿色、低碳的生产方式、消费模式和生活习惯。

4. 做好节能与新能源汽车示范推广试点

加快培育和发展节能与新能源汽车产业，对于缓解能源和环境压力、推动汽车产业转型升级、培育新的经济增长点，具有重要的意义。

2009年1月，由科技部、财政部、发改委、工业和信息化部共同启动的10城千辆工程，通过提供财政补贴，计划用3年左右的时间，每年发展10个城市，每个城市推出1000辆新能源汽车开展示范运行，涉及这些大中城市的公交、出租、公务、市政、邮政等领域，力争使全国新能源汽车的运营规模到2012年占到汽车市场份额的10%。自节能与新能源汽车示范推广试点启动以来，各项工作进展顺利，有效地促进了我国节能与新能源汽车技术和产业发展。

2012年4月，国务院通过的《节能与新能源汽车产业发展规划（2012—2020年）》指出，争取到2015年，纯电动汽车和插电式混合动力汽车累计产销量达到50万辆，到2020年超过500万辆；2015年当年生产的乘用车平均燃料消耗量降至每百公里6.9升，到2020年降至5.0升；新能源汽车、动力电池及关键零部件技术整体上达到国际先进水平。要以纯电驱动为汽车工业转型的主要战略取向，当前重点推进纯电动汽车和插电式混合动力汽车产业化，推广普及非插电式混合动力汽车、节能内燃机汽车，提升我国汽车产

“十二五”期间，国家将从强化目标责任、建立能源管理体系、加强能源计量统计、开展能源审计和编制节能规划、加大节能技术改造力度、加快淘汰落后用能设备和生产工艺、开展能效达标对标、健全节能激励约束机制、开展节能宣传与培训等方面加强万家企业的节能监管，力争“十二五”期间实现节能2.5亿吨标准煤。

加快培育和发展节能与新能源汽车产业，对于缓解能源和环境压力、推动汽车产业转型升级、培育新的经济增长点，具有重要的意义。

自节能与新能源汽车示范推广试点启动以来，各项工作进展顺利，有效地促进了我国节能与新能源汽车技术和产业发展。

业整体技术水平。

发展节能与新能源汽车产业，做好节能与新能源汽车示范推广试点，要依托现有产业基础，科学规划产业布局，防止低水平盲目投资和重复建设。

5. 开展碳排放权交易试点工作

根据党中央、国务院关于应对气候变化工作的总体布署，为落实“十二五”规划关于逐步建立国内碳排放交易市场的要求，推动运用市场机制以较低成本实现2020年我国控制温室气体排放行动目标，加快经济发展方式转变和产业结构升级，北京市、天津市、上海市、重庆市、湖北省、广东省及深圳市成为碳排放权交易试点。

这7个碳排放权交易试点省市是为开展全国范围的碳交易市场的先行试验。从碳排放权交易试点工作的速度来看，属“第一梯队”的为北京市、上海市、天津市、深圳市。粗略统计，拟被纳入“北上天深”试点交易的企业数量将超过2000家。

从目前看来，中国碳排放权交易有四大问题待解：

一是缺乏统一的企业层面温室气体核算标准。在企业层面温室气体核算标准方面，我国碳市场还缺乏统一的碳排放和碳减排计量标准。确保排放量和减排量数据的口径统一及真实、有效，是目前亟待解决的问题之一。

二是MRV（测量、报告、核查）的困难。目前我国DOE（第三方核查机构）总体来说还很弱，数量不足，人员不够。联合国批准中资DOE只有四家，即使再加上其他的节能监测中心或者一些中资机构，对于纳入碳排放权交易的上千家企业来说，这样的DOE数量和人员等都远远不够。

三是登记结算系统的建立健全。登记结算系统的重要性远远超过之前的想象。“北上天深”四市都在抓紧建立各自的登记结算系统，上海环境能源交易所更是建议相关系统至少是上亿元级的投入。

四是如何促进流动性。这需要金融机构的参与，但由于中国的碳交易只有现货交易，没有期货交易，金融机构兴趣不大。且目前的环境和市场发展还不是特别清晰，金融机构表现犹豫，需要等待市场相对成熟，尤其是法律法规相对成熟以后，才可能加大参与度。

6. 《太阳能光电建筑应用财政补助资金管理暂行办法》

为落实国务院节能减排战略部署，财政部、住房和城乡建设部将实施“太阳能屋顶计划”，加快太阳能光电技术在城乡建筑领域的应用。

按照《太阳能光电建筑应用财政补助资金管理暂行办法》，政府将对符合条件的太阳能光电建筑应用示范项目给予20元/峰瓦的补贴。据从事太阳能光伏生产的保定英利集团的一位人士介绍，该补贴的幅度比较大，大约能覆盖生产成本的30%—50%，这将大大降低太阳能光伏发电成本，有助于太阳能光伏利用技术的推广。

7. 北京“十二五”期间将试点开展用能企业节能量交易

2011年12月公布的北京市“十二五”时期工业与软件和信息服务业节能节水规划提出，“十二五”期间，北京市将试点开展重点用能企业节能量交易。培育节能量和碳排放第三方核证机构，完善交易市场机制，鼓励企业积极参与节能量交易和碳交易，推进节能市场化。

北京市经信委指出，节能量交易是指各类用能单位（或政府）在其具体节能目标下，根据目标完成情况而采取的买入或卖出节能量（或能源消费权）的市场交易行为。具体分为两类：一是基于能源消费权（能源消费指标）的交易。政府制定能源消费总量目标，并将其分解到各类用能单位或政府。各单位根据其持有能源消费指标数量和实际能源消费量，决定购买或者出售能源消费指标。二是基于项目的交易。项目业主实施节能项目经核证产生的节能量可参与市场交易。

规划特别提到，“十二五”末二氧化碳排放强度控制目标，工业生产过程二氧化碳排放控制在2010年的水平。为此，“十二五”期间，北京市将完善产业

发展节能与新能源汽车产业，做好节能与新能源汽车示范推广试点，要依托现有产业基础，科学规划产业布局，防止低水平盲目投资和重复建设。

为落实国务院节能减排战略部署，财政部、住房和城乡建设部将实施“太阳能屋顶计划”，加快太阳能光电技术在城乡建筑领域的应用。

节能量交易是指各类用能单位（或政府）在其具体节能目标下，根据目标完成情况而采取的买入或卖出节能量（或能源消费权）的市场交易行为。

能耗水耗标准体系。根据国际先进水平，修订北京市工业行业能耗、水耗指导指标，制定主要工业产品能耗、水耗指导指标，提高用能用水效率准入标准。编制工业重点产品单位能耗限额标准，研究制定工业行业用水定额。探索工业低碳发展统计指标体系，在重点行业企业开展低碳发展指导指标研究工作。

此外，北京市将加快推进使用新能源和再生水。鼓励新建项目在冷却用水、洗涤用水、工艺用水等生产环节利用再生水，推进再生水成为工业发展的第二水源或辅助水源。

第二节　碳市场

尽管《京都议定书》于2005年2月才正式生效，但由于《京都议定书》规定2000年以后的CDM项目产生的减排量可以抵免发达国家2008—2012年承诺期的减排义务，加上人们的乐观预期，碳交易活动事实上在2005年之前就已经开始。并且，所谓的“全球碳市场”，事实上包括了各种不同目的、不同类型且又相互关联的碳交易活动。

一、CDM市场

清洁发展机制（CDM）是《联合国气候变化框架公约》（以下简称《公约》）第三次缔约方大会COP 3（京都会议）通过的附件1缔约方在境外实现部分减排承诺的一种履约机制。其目的是协助未列入附件1的缔约方实现可持续发展和有益于《公约》的最终目标，协助附件1所列缔约方实现遵守第三条规定的其量化的限制和减少排放的承诺。CDM的核心是允许发达国家和发展中国家进行项目级的减排量抵销额的转让与获得。

1. *CDM的总体发展状况*

CDM项目开发在2005年《京都议定书》正式生效之前就已经开始，正式生效后，CDM进入了一个快速发展的阶段。在2004年11月，提交指定经营实体

（DOE）审定的项目仅48个，到2009年6月1日，累计提交DOE审定的项目达到4995个，增长了100多倍，其中已经在CDM执行理事会（EB）注册的项目有1652个，另有221个项目处在注册审查阶段（见图1）。

已注册的项目中，到2012年预计将产生减排量16.34亿吨二氧化碳当量（见图2）。所有提交审定的CDM项目到2012年预计将产生减排量27.48亿吨二氧化碳当量，到2020年预计产生77.56亿吨二氧化碳当量。可见，CDM的实施对于减少温室气体排放发挥了重要的作用。

CDM的核心是允许发达国家和发展中国家进行项目级的减排量抵销额的转让与获得。

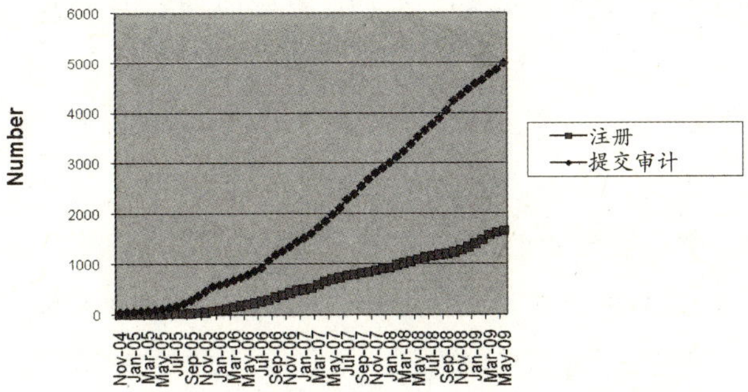

图1：全球累计提交审计和注册的CDM项目数量

资料来源：UNEP Risoe Center

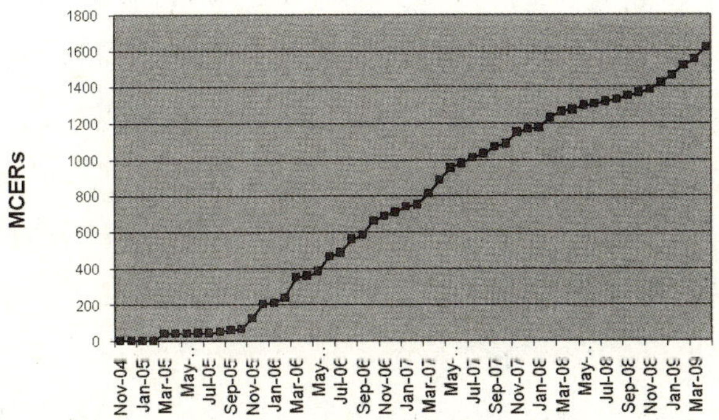

图2：已注册的项目到2012年预计产生的减排量

资料来源：UNEP Risoe Center

2. CDM项目的行业分布

CDM在各个领域（或行业）实施的情况取决于各

个行业实施CDM的潜力、方法学开发情况和项目开发的相关利益方对项目开发的收益、成本和风险的预期。首先，与能源相关的温室气体排放占温室气体排放总量的70％左右，因而，温室气体减排潜力最大的领域也必然是能源领域。其次，CDM项目开发必须依据已批准的方法学编写项目设计文件，方法学越多或越简单适用的行业，项目开发得也相对越多。截至2009年7月5日，EB共批准各类方法学（包括大规模方法学、小项目方法学和造林再造林的大小方法学）168个，其中能源生产行业（包括可再生能源和非可再生能源）44个、制造业26个、造林再造林18个、化工行业17个、废物处置15个、能源需求侧能效提高12个等等，能源行业CDM的方法学最多。不过，方法学的多少与该行业的项目开发有时并不表现为直接相关关系，因为许多方法学是跨多个行业的，另外，有的方法学过于复杂而很少被应用。最后，CDM项目各行业的开发状况还取决于项目开发的收益、成本和风险，以及项目开发的复杂程度和额外性问题。总体来说，可再生能源领域（如风电、水电）的项目开发相对简单，额外性比较明显，项目开发的风险较小，成本较低。

综合上述三方面因素，CDM在各行业的实施情况表现出较大的差异。如下表所示，从项目数量来看，首先，可再生能源是CDM实施的最重要的领域，共有2877个进入DOE审定程序（包括已注册的项目），占项目总数的65％；其次是甲烷煤层气领域，共有623个项目，占总数的14％；最后是能源供应侧能效领域，共有452个项目，占总数的10％。从这些项目预期产生的年减排量来看，可再生能源依然占据最大的份额，达到41％。而HFCs、PFCs和N_2O分解项目由于一般单个项目的减排量巨大，所以，该类型项目数量虽然相对较少，但预期年减排量较大，所占份额达到22％，居第二位。接下来是甲烷煤层气和供应侧能效，分别为16％和12％。

可见，无论是从项目数量，还是从预期年减排量来看，能源行业始终是CDM的最重要领域，尤其是可再生能源领域。然而，人们曾预期提高能效也是实施CDM的重要领域，但结果并非如此，主要是因为该领域要么难以计量、监测，项目开发过于复杂，要么额外性难以论证，导致项目开发成本过高、风险较大，令人望而生畏。以建筑节能为例，众所周知，建筑行业的节能和温室气体减排潜力巨大，但由于涉及的技术较多，所以边界难以清晰界定。同时，因为建筑能耗受天气、地域、管理、生活习惯等多种因素影响，因而，计量和监测由建筑节能改造而产生的减排量异常复杂。另外，对既有建筑进行节能改造的投资大、成本高，而由减排量带来的收益很小，通过CDM来实施建筑节能不具备经济上的可行性。因此，目前尚无一个真正的建筑节能CDM项目提交EB注册。

CDM项目的行业分布情况

类型	项目数（个）		年减排量（百万吨）		到2012年减排量（百万吨）	
HFCs/PFCs/N_2O分解	100	2%	133.26	22%	739.03	27%
可再生能源	2877	65%	248.59	41%	1009.68	37%
甲烷煤层气	623	14%	97.76	16%	482.94	18%
供应侧能效	452	10%	73.47	12%	288.10	10%
燃料替代	122	2.8%	40.58	6.72%	178.16	6.5%
需求侧能效	185	4.2%	7.02	1.16%	33.08	1.2%
造林再造林	48	1.1%	2.39	0.4%	12.36	0.4%
交通	10	0.2%	0.99	0.2%	4.78	0.2%
合计*	4417	100%	604.06	100%	2748.14	100%

资料来源：根据联合国环境署Risoe中心资料整理

注：由于四舍五入的原因，有些合计与栏目加总并不完全吻合。

3. CDM项目的地区分布

CDM的实施在不同地区和国家之间也很不平衡，从进入DOE审定的项目来看，首先亚洲太平洋地区处于遥遥领先地位，目前CDM项目数量达到3432个，占全球项目总数的比例为77.65%；这些项目预期到2012年将产生的减排量为22.25亿吨二氧化碳当量，占全球总量的80.88%。其次是拉丁美洲地区，CDM项目数量为791个，占全球的17.90%；预期到2012年的减排量为3.92亿吨二氧化碳当量，占全球的14.24%。与此同时，CDM在非洲、中东和中亚地区的实施情况却不甚理想，无论是项目数量，还是预期年减排量，均超不过全球总数的3%。不仅地区之间不平衡，而且国家之间的差异也很大，仅中国、印度和巴西3个国家的项目数量就占全球总数的72.15%，这些项目到2012年预期减排量占全球总数的比例更是达

CDM在各个领域（或行业）实施的情况取决于各个行业实施CDM的潜力、方法学开发情况和项目开发的相关利益方对项目开发的收益、成本和风险的预期。

到77.11%（见下表）。

CDM项目的地区分布情况

地区/国家	项目数（个）	占总数比例（%）	到2012年减排量（百万吨）	占总量比例（%）
拉丁美洲	791	17.90	391.72	14.24
其中：阿根廷	25	0.57	29.42	1.07
巴西	340	7.69	173.82	6.32
智利	69	1.56	40.08	1.46
哥伦比亚	41	0.93	18.62	0.68
墨西哥	155	3.51	65.53	2.38
秘鲁	29	0.66	14.71	0.53
亚洲太平洋地区	3432	77.65	2224.72	80.88
其中：中国	1726	39.05	1520.24	55.27
印度	1123	25.41	426.97	15.52
印度尼西亚	89	2.01	39.40	1.43
马来西亚	130	2.94	37.74	1.37
菲律宾	77	1.74	12.02	0.44
新加坡	8	0.18	2.02	0.07
韩国	61	1.38	102.56	3.73
斯里兰卡	18	0.41	2.42	0.09
泰国	96	2.17	25.82	0.94
越南	68	1.54	18.27	0.66
欧洲中亚地区	48	1.09	19.31	0.70
其中：亚美尼亚	7	0.16	1.36	0.05
塞浦路斯	8	0.18	1.37	0.05
摩尔多瓦	6	0.14	1.43	0.05
乌兹别克斯坦	10	0.23	7.08	0.26
非洲	101	2.29	81.53	2.96
其中：埃及	12	0.27	16.27	0.59
肯尼亚	14	0.32	2.91	0.11
摩洛哥	10	0.23	2.60	0.09
南非	27	0.61	19.57	0.71
乌干达	10	0.23	1.23	0.04
中东	48	1.09	33.45	1.22
其中：以色列	27	0.61	11.94	0.43
约旦	3	0.07	2.66	0.10
阿联酋	13	0.29	2.93	0.11
全球	4420	100.00	2750.72	100.00

资料来源：根据联合国环境署Risoe中心资料整理

CDM项目地区分布不平衡是CDM这种机制饱受批评的原因之一，然而，深入分析发现，这种不平衡是有其内在的必然性的。首先，CDM在各国地区或国家实施的潜力是由该地区或国家的温室气体减排潜力决定的，而减排潜力则与人口和经济规模、发展阶段、能源利用状况等因素密切相关。CDM项目大国如增长中的中国、印度和巴西，经济规模较大，进入工业化初期或中期阶段，近年来经济增长迅速，能源利用效率相对较低，能源消费以化石能源为主。因而，温室气体减排总体潜力较大，潜在的CDM项目较多，适宜大规模开发。而非洲许多国家，经济规模较小，尚未进入工业化阶段，工业项目较少，能源利用多以传统生物质能（薪柴）为主，能源替代所产生的减排量较小，适宜CDM开发的项目较少。

其次，CDM的实施状况与各国的政策配套和能力建设密切相关。无论是可再生能源项目，还是提高能源效率项目，都需要大量的投资。而CDM的收益相对有限，仅仅依靠CERs收益，难以吸引私人投资者介入，需要东道国制定相关政策予以推动。以中国为例，中国为了实施CDM，专门制定了CDM管理办法，并将可再生能源、提高能效和甲烷煤层气利用作为优先领域。同时，中国也制定了针对可再生能源开发和提高能源效率的优惠政策，激励企业对这些领域的投资。另外，中国政府通过开展能力建设，使各个利益方认识、了解和掌握CDM相关知识，提高CDM项目开发能力，也促进了CDM的实施。

最后，CDM制度本身决定了大项目更受青睐。CDM是一种基于项目的市场机制，项目开发各方是以经济利益为导向的，更愿意开发减排量大、收益大、成本低、风险小的项目。而非洲国家由于缺少工业项目和

CDM制度本身决定了大项目更受青睐。CDM是一种基于项目的市场机制，项目开发各方是以经济利益为导向的，更愿意开发减排量大、收益大、成本低、风险小的项目。

较大的可再生能源项目，项目规模太小又不满足项目开发方的商业目的，因而，非洲等地区在现阶段难以大规模实施CDM。只有当这些地区发展到一定阶段，才能更有效地实施CDM。

二、JI市场

联合履行（Joint Implementation，JI）是转型国家与发达国家之间的基于项目的合作机制，与CDM十分相似。该市场自2003年开始启动，截至2009年8月1日，累计提交DOE审定的项目共217个，其中在联合国注册的项目有39个。如果所有项目都能注册，预期每年可产生减排量（ERUs）7834万吨二氧化碳当量。这些项目主要来自俄罗斯和乌克兰，分别有104个和37个项目，其次是保加利亚（14个），波兰、匈牙利和立陶宛分别有10个项目，其余国家的项目数量都在10个以下。从预期产生的年减排量来看，俄罗斯占总数的59%左右，处于绝对领先地位[①]。项目所涉及的领域主要有风能、水电、生物质能、垃圾填埋气、煤层气和工业节能项目等。ERUs的交易价格比CERs略低，但走势与CERs比较接近。由于JI在全球碳市场中所占份额很小，与中国CDM项目关联性极小，本文不作详细介绍。

三、全球碳市场的发展趋势展望

如今，多数国家都承认，市场机制是应对气候变化的重要手段，是一种成本有效的政策工具，并且能够实现温室气体有效减排。尽管京都灵活机制和现阶段的碳市场还存在许多问题，遭受很多批评，但更多的人们认为，应该保持京都灵活机制的相对稳定性和延续性，避免碳市场出现过大的波动，使碳价格信号真正发挥引导全球迈向低碳发展的作用。因而，从长期来看，碳市场一定会继续存在，且规模更大。但是，至于2012年以后的全球碳市场将如何发展，还取决于许多不确定的因素。

首先，2012年后全球碳市场的规模取决于发达国家的减排目标。所有排放权交易的市场需求都是由政府创造的，政府实行越严格的环境目标，市场需求就越大，市场规模也越大。有关2012年后的国际气候制度谈判正在进行之中，其中发达国家的减排目标是谈判的焦点。欧盟于2008年年底通过了能源和气候

---

①资料来源：联合国环境署Risoe中心。

一揽子计划，承诺3个“20%”的目标，即无论其他国家如何行动，欧盟作为整体，到2020年，温室气体排放总量在1990年的基础上下降20%，可再生能源比例达到20%，能效提高20%。如果其他国家也采取积极的行动，欧盟将减排30%。美国奥巴马政府也提出将限额—交易作为应对气候变化的主要手段，建立国内碳市场，承诺到2020年温室气体排放总量在2005年的基础上下降17%。澳大利亚等国也先后提出了2012年后的目标。从目前的提议来看，发达国家第二承诺期的减排力度比第一承诺期更大，相应的需求和市场规模也将更大。然而，发达国家目前的承诺与IPCC报告里提出的发达国家整体在第二承诺期须减排25%—40%的目标还相去甚远，还需要一个更大的碳市场和资金机制来帮助发展中国家一道应对全球气候变化。

如今，多数国家都承认，市场机制是应对气候变化的重要手段，是一种成本有效的政策工具，并且能够实现温室气体有效减排。

2012年后全球碳市场的规模取决于发达国家的减排目标。

其次，CDM如何改革将决定发展中国家以何种方式和在多大程度上参与全球碳市场。多数国家都承认CDM在推动发达国家和发展中国家在应对气候变化合作中所发挥的作用，应该保持CDM的延续性。但由于CDM本身的管理体制问题、额外性问题、对可持续发展和技术转让的促进作用问题等，CDM的作用没有得到充分发挥，各国都认为应该对CDM进行改革。但如何改革，各国分歧很大。部分发达国家认为，应该将发展中国家分成不同层次，分别实行不同的市场机制②。特别提出中国等先进的发展中国家退出基于项目的机制，而采取对各个行业设定限额的行业方法，这实际上是要求发展中国家变相地承诺量化减排义务。中国等发展中国家认为，CDM需要改革，但不应该是颠覆

CDM如何改革将决定发展中国家以何种方式和在多大程度上参与全球碳市场。

②如由Mark Lazarowicz撰写并经英国首相委托发布的报告Global Carbon Trading: A Framework for Reducing Emissions提出了建立碳交易的双层体系。

性的改革，而要在注册效率、简化程序、增加透明度、确定性、公平性和环境完整性等方面进行完善，取消某些项目类型的额外性论证，并加强东道国的作用。目前有关CDM的谈判仍在继续，发展中国家以何种方式和在多大程度上参与全球碳市场还存在不确定性。

最后，美国等国内碳市场如何与欧洲等碳市场连接，将影响全球碳市场的效率。美国、澳大利亚等退出《京都议定书》的国家的新政府以更加积极的姿态应对气候变化，先后提出要建立国内碳市场。然而这些国家国内的碳市场是否或如何与欧洲碳市场连接，是否或如何接受发展中国家基于项目产生的碳信用，还存在不确定性。一个统一的全球性的碳市场将有利于低碳技术在全球范围内扩散，有利于降低全球温室气体减排成本。建立一个统一的更有效率的全球碳市场需要各主要国家的共同努力。

第三节　碳金融

碳金融是指服务于旨在减少温室气体排放的各种金融制度安排和金融交易活动，主要包括碳排放权及其衍生品的交易和投资、低碳项目开发的投融资以及其他相关的金融活动。广义而言，是指一切有利于地球生态系统良性发展的金融体系和制度安排。

《京都议定书》对发达国家减少温室气体排放提出了明确指标，碳排放权进而衍生为具有投资价值和流动性的金融资产，碳金融随之产生和发展起来。从最初的国家、公共企业向私人、企业以及金融机构延展。而且，这一市场的交易工具在不断创新，规模还在迅速壮大，按照目前的发展速度，2012年碳交易将成为全球规模最大的商品交易市场。

一、金融企业发展趋势

世界银行的统计数据显示，自2004年起，全球以二氧化碳排放权为标的的交易总额从最初的不到10亿美元增长到2007年的600亿美元，四年时间增长了60倍，交易量也由100万吨迅速攀升至27亿吨。

金融机构的参与使得碳市场的容量扩大，流动性加强，市场也愈发透明；而一个迈向成熟的市场反过来又吸引更多的企业、金融机构甚至私人投资者参与其中，且形式也更加多样化。二氧化碳排放权批发市场的日益壮大使私人投资者对二氧化碳排放权零售商品的兴趣也与日俱增。

从金融机构在碳市场中的角色演变中不难发现，其注意力已经从最初的以配额为基础的排放交易向减排项目融资转变。在碳排放交易如火如荼，碳金融衍生品层出不穷的同时，被称为碳资产的减排项目正成为对冲基金、私募基金投资的热点。投资者往往以私募股权的方式在早期即介入各种减排项目。

二、中国金融企业的低碳转型选择

在低碳约束下，中国要实现经济可持续发展，就必须转变经济增长方式，而且中国的金融企业随之也要战略转型。但是碳金融是随着国际碳交易市场的兴起而进入我国的，在中国开展的时间较短，国内许多企业还没有认识到其中蕴藏的巨大商机。有关专家测算，2012年以前我国通过CDM项目减排额的转让收益可达数十亿美元。为此，中国已经被许多国家看作是最具潜力的减排市场。那么，依托CDM的碳金融在我国应该有非常广阔的发展空间，并蕴藏着巨大市场。由于目前我国碳排放权交易的主要类型是基于项目的交易，因此，在我国，碳金融更多的是指依托CDM的金融活动。随着越来越多中国企业积极参与碳交易活动，中国的碳金融市场潜力巨大。目前除商业银行

碳金融是指服务于旨在减少温室气体排放的各种金融制度安排和金融交易活动，主要包括碳排放权及其衍生品的交易和投资、低碳项目开发的投融资以及其他相关的金融活动。广义而言，是指一切有利于地球生态系统良性发展的金融体系和制度安排。

在碳排放交易如火如荼，碳金融衍生品层出不穷的同时，被称为“碳资产”的减排项目正成为对冲基金、私募基金投资的热点。

在低碳约束下，中国要实现经济可持续发展，就必须转变经济增长方式，而且中国的金融企业随之也要战略转型。但是碳金融是随着国际碳交易市场的兴起而进入我国的，在中国开展的时间较短，国内许多企业还没有认识到其中蕴藏的巨大商机。

外，还有更多的金融企业开始关注、重视和研究。

碳金融作为金融体系创新的载体，有利于优化金融体系结构，提高我国与其他国家金融机构之间的合作水平。碳金融作为一项全新的业务，需要商业银行创新业务运作模式，客观上可以促进商业银行的创新能力。我国部分金融企业开始了碳金融的实践，取得了很大的成效。

为实现“十二五”控制温室气体排放目标，应切实加大资金投入，确保各项工作落实。从节能减排和可再生能源发展等财政资金中安排资金，支持应对气候变化相关工作。充分利用中国清洁发展机制基金资金，拓宽多元化投融资渠道，积极引导社会资金、外资投入低碳技术研发、低碳产业发展和控制温室气体排放重点工程。调整和优化信贷结构，积极做好控制温室气体排放、促进低碳产业发展的金融支持和配套服务工作。在利用国际金融组织和外国政府优惠贷款安排中，加大对控制温室气体排放项目的支持力度。

三、不断探索碳金融创新

除了绿色信贷业务，碳金融还给商业银行还带来了巨大的市场盈利空间和商机，碳金融创新可以着眼如下领域。首先，创新绿色信贷融资模式，在原有绿色信贷的基础上，将贷款与合同能源管理、融资租赁、保理业务等多种融资方式相结合；其次，继续着力于CDM相关的碳融资活动，积极参与中国碳排放权交易市场的建设；最后，开发低碳信用卡、碳交易市场金融产品及衍生品，积极发掘新的融资领域，探索更多的业务模式。

1. 基于CDM的业务创新

在整个CDM交易市场的建立健全过程中，商业银行不仅要适时适地提供技术和资金等多方面援助，而且还要鼓励和帮助CDM项目开发设计者，为其提供信用增级。在市场条件成熟时，将CDM交易延伸至CERs相关的金融创新成品。此外，还可开展CDM项目账户管理服务、CDM项目设备融资租赁服务、CDM项目财务顾问服务等创新项目。目前，中国农业银行、北京银行、上海浦东发展银行已推出CDM项目开发咨询服务、项目融资等业务。

兴业银行更是在CDM业务创新中做出了积极探索，推出了碳资产质押授信业务，该业务适用于中国已获得联合国CDM理事会注册的项目，覆盖了提高能源效率类、新能源和可再生能源类、工业废气类减排项目等形成温室气体减排的项目类型。鉴于CDM规则导致碳资产收益往往滞后于项目业主资金需求2—3年，兴业银行采用为企业盘活未来的碳资产的融资方式，支持项目的建设和运行。同时通过专业人员对项目碳资产价值的评估，帮助企业提高CDM项目运行管理效率。2011年4月，兴业银行首笔也即国内首笔碳资产质押授信业务在福州落地。办理碳资产质押的借款人为闽侯县兴源水力发电有限公司，融资金额为108万元。借款人旗下运行的闽侯旺源20兆瓦小水电项目的CDM开发于2010年6月10日获得联合国注册，预计年减排量为43603吨CER。通过碳资产质押业务，企业提前盘活了未来的碳资产，获得的资金支持将用于优化该小水电项目的运行管理，从而保障了未来减排量的产量。

通过碳资产质押业务，企业提前盘活了未来的碳资产，获得的资金支持将用于优化该小水电项目的运行管理，从而保障了未来减排量的产量。

2. 基于绿色信贷的融资创新

基于绿色信贷的融资创新主要体现在绿色信贷与未来收益权抵（质）押相结合，若低碳企业处于发展初期，规模小、底子薄，又不满足资本市场融资条件，就很难获得银行的信贷支持。此时，商业银行可适当拓宽抵（质）押物范围和类型，为其提供项目贷款，浦发银行推出的合同能源管理未来收益权质押产品，就很好地解决了目前节能服务公司因项目前期一次性投入较大、项目收益回笼期限较长而遭遇资金周转的问题。浦发银行发放的节能减排融资贷款提供风险分担的“中国节能减排融资项目”，以“未来实现的收益”质押的方式向企业提供专项贷款，无须抵押或担保，按照该项目未来收益的一定比例，提前将该项目未来的收益以贷款的形式发放给节能服务公司。通过该产品，节能服务公司可以提前获得未来数年才能全部收回的项目收益，并投入到企业承接的新项目中。

绿色信贷的融资创新还体现在与相关中间业务创新的有机结合，进行绿色信贷衍生产品的创新上。

3. 基于碳权的融资租赁业务

清洁发展机制（CDM）项目在建设开发的过程中需要进行大规模投资，由于设备价格昂贵，一般中小企业无法购买。因此，可以开发基于CERs（清洁发展机制减排单位）的融资租赁方式，即通过融资租赁的方式，由商业银行或租赁公司等金融机构为项目企业购买这些设备，然后将设备出租给项目企业使用，企业从出售CERs的收入中支付租金。这种融资租赁方式使得企业不必投入巨资购买节能减排设备，从而释放了企业在实际应用中的流动资金，而为鼓励企业减少碳排放，融资租赁和碳权质押贷款可以结合起来，这样既能对积极使用租赁设备的企业给予优惠的贷款支持，同时也可以降低企业CERs收益权实现的风险，降低碳权质押贷款发生坏账的可能性。

4. 碳金融理财产品

商业银行可以发行结构型碳金融理财产品、基金化碳金融理财产品和信托类碳金融理财产品，间接为低碳企业提供融资支持。这些理财产品主要包括以下五种类型：（1）挂钩低碳、环境友好型上市公司表现的产品。如荷兰银行推出的挂钩“荷银气候变化与环境指数”基金，使投资者有机会参与全球约30家与洁净再生能源、水资源、废物处理、生物乙醇、铂钯开采等与环境改善有关的行业表现。类似的还有荷兰银行推出的“荷银低碳加速器基金”。该基金直接投资于那些未上市，但致力于低碳消耗和提高能源效率（如使用太阳能、燃料电池、风能和生物燃料）的大公司。又如德意志银行推出的挂钩“德银气候保护基金”和挂钩“德银DWS环球气候变化基金”。这两个基金互为补充，依据“温室气体减排”及“适应气候变化”两大气候变化议题，集中投资于适应气候变化或者在提供环境友好型产品/服务方面取得显著进展的公司。再如汇丰银行推出的挂钩“汇丰环球气候变化基准指数”基金。汇丰环球气候变化基准指数包括气候变化指数、低碳能源产品指数、能源效率和能源管理指数、供水/污水/固体废弃物处理指数四个子指数，旨在反映和追踪在应对气候变化中获益的公司。（2）参与碳交易市场的产品。如巴克莱银行推出的挂钩“巴克莱全球碳指数”的基金；瑞银克拉里登人民银行推出的挂钩“瑞银克拉里登二氧化碳减排认证”的基金。（3）参与巨灾债券市场的产品。如瑞银集团子银行Leu推出的与全球巨灾债券市场挂钩的产品；摩根大通集团推出的挂钩“摩根环境指数”的基金。（4）参与天气衍生品市场的产品，最典型的是瑞银集团推出的挂钩“瑞银气候变化战略证书”基金。通过瑞银全球气候变暖指数，投资者可以跟踪全球天气衍生品市场上各种天气衍生产品的交易情况。(5) 挂钩可替代能源表现的产品，如中国交通银行推出的收益率与三只水资源和两只铀能源组成的全球股票篮子表现挂钩基金。

绿色信贷的融资创新还体现在与相关中间业务创新的有机结合，进行绿色信贷衍生产品的创新上。

5. 绿色银行卡

发行绿色信用卡是国际通行的绿色信贷产品。绿色信用卡支持低碳经济的途径一般包括两种：一是倡导居民低碳消费，鼓励居民实现“碳中和”；二是发卡行将利润的一部分捐献节能环保基金或项目。如中国银行、交通银行和深圳发展银行就先后推出了“二氧化碳挂钩型”本外币理财产品。截至2011年年底，兴业银行累计发行153889张低碳主题信用卡，实现购买自愿碳减排量32193吨，相当于中和了约23.1万人乘坐飞机飞行1000公里所产生的碳排放量。而且，中国低碳信用卡持卡人购碳资金有力地支持了桦南横岱山东风电碳减排项目、湖南东坪72兆瓦水电碳减排项目、广东省下坪垃圾填埋气收集利用等碳减排项目。

发行绿色信用卡是国际通行的绿色信贷产品。绿色信用卡支持低碳经济的途径一般包括两种：一是倡导居民低碳消费，鼓励居民实现“碳中和”；二是发卡行将利润的一部分捐献节能环保基金或项目。

6. 绿色信贷资产证券化产品

企业将具有开发潜力的清洁发展机制项目（碳资产）卖给有特殊目的的机构或公司（SPV）（一般是投资银行），SPV将这些碳资产汇入资产池，再以该资产池所产生的现金流（如CERs收益）为支撑在金融市场上发行有价证券融资，最后用资产池产生的现金流来清偿所发行的有价证券。因此，可将商业银行的碳权质押贷款、针对碳权的融资租赁、企业有关碳排放权的应收账款及银行保理等形成的资产组合成资产池，发行证券。碳资产的证券化可提高碳资产的流动性，转移了风险，有利于碳金融的发展，为促进投资银行优先推动碳资产的证券化，要加强对碳资产的风险评估机构建设，建立对碳资产担保证券的增信机制。中国早在2005年即开始资产证券化试点，2008年金融危机后，出于控制金融风险的需要，监管层暂停了相关试点。目前，监管层已下发通知，要求各银行申报信贷资产证券化的项目方案，在相关政策和市场条件成熟时，探讨开发和利用绿色信贷资产证券化产品的可能性和适宜方案，可广泛动员社会资金支持低碳产业发展。

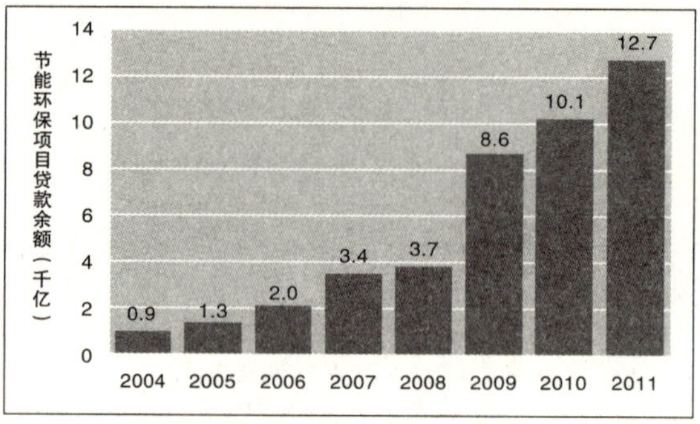

四、兴业银行的理财和金融租赁

1. 在理财业务中，兴业银行针对不同理财产品的特点和优势，结合可持续发展理念，制定不同的产品设计和要求。对于以五大电力公司债权为对象的信托理财产品，尤其对于风能项目，兴业在产品开发时充分考虑其作为“赤道银行”的职责，通过与五大电力公司的充分沟通，助力电力行业可持续发展；同时，通过零售理财产品向社会公众宣传可持续发展理念；针对钢铁行业信托理财产品，兴业在对钢铁企业资金用途的约定中明确要求其中一部分资金应用于节能减排。

2. 在金融租赁业务中，兴业将自己在节能减排、低碳环保的特色优势业务发展至兴业全资子公司——兴业金融租赁有限责任公司（以下简称兴业租赁）。兴业租赁大力拓展节能减排业务，在水务、水电、钢铁等行业节能减排领域开展了一系列业务，并积极拓展EMC公司、节能减排相关的设备生产厂商，摸索与EMC公司的合作模式。

兴业银行十分注重自身运营带来的环境影响，提倡绿色运营，为此专门制定了节能办公相关规范，提高内部环境绩效，实现低碳环保。兴业所推出的低碳产品和服务在推广过程中，不仅满足了客户的需求，而且产生了良好的环境和社会效应，其中包括对客户节能、减排的促进作用。

五、德意志银行的低碳服务

德意志银行的资产融资与租赁部积极参与到清洁能源项目中，2010年为此类项目融资额达24亿欧元。

德银的碳排放交易柜台参与了超过85个得到清洁发展机制（Clean Development Mechanism）与共同执行（Joint Implementation）支持的项目，这些项目目前已产生超过900万单位的核证减排量（Certified Emission Reduction）和减排单位（Emission Reduction Units），预计到2012年年底产生的减排量将达2150万单位。

德银旗下德意志资产管理公司管理了超过28亿欧元，主要投入在可持续发展及低碳领域的基金。

德银的私人财富管理部为客户提供在光伏电站、林业管理方面的投资，对侧重气候保护和环境技术的上市企业的投资，以及“绿色建筑”（能源利用率较高的房地产）的投资等等。

德银的企业投资银行部为可再生能源、清洁绿色技术等企业提供融资咨询服务。2010年德意志银行参与的清洁能源项目为38个风力发电站和23个太阳能发电站，总发电量达850兆瓦特。企业投资银行部还为清洁能源企业提供首次公开募股、债券发行等服务。

兴业所推出的低碳产品和服务在推广过程中，不仅满足了客户的需求，而且产生了良好的环境和社会效应，其中包括对客户节能、减排的促进作用。

六、北京银行绿色信贷

北京银行建立全行绿色信贷管理体系，特别锁定节能减排类中小企业，建立前中后台管理团队。前台营销团队选择行内节能经验丰富的经营单位，负责操作节能环保融资项目贷款；中台指定专人负责节能环保项目贷款初审；后台团队设立产品经理，对前中台提供技术、产品和管理支撑。

1. EMCO项目贷款开启节能领域融资探索。早在

2004年7月，北京银行通过与中国投资担保有限公司世行项目部合作，启动“世界银行/GEF中国节能促进项目”二期，创造性地开展能效贷款，为节能环保项目和相关企业提供金融服务，成为国内较早开展节能减排贷款项目的银行，截至项目结束之日，北京银行已顺利向企业发放EMCO贷款100笔，累计金额38742万元，分别占中投保EMCO整体项目笔数、金额的67%、68%，涉及余热余压利用、地源热泵、智能节电器、水蓄冷、燃烧系统节能等技术领域，项目遍布全国多个省市区域。

2．携手国际金融公司创新损失分担模式。继EMCO项目启动后，北京银行进一步加大节能领域支持力度，并积极进行产品创新。2007年6月，北京银行携手战略合作伙伴——世界银行集团国际金融公司启动了中国节能减排融资项目，成为全国首家与国际金融公司共同推出节能减排融资项目贷款的城市商业银行。该产品主要针对符合节能减排条件的项目提供中长期项目融资，主要适用于从事实施提高能源使用效率项目的最终用能客户和能源服务公司，并可根据企业项目提供1—5年中长期贷款，同时，结合节能企业担保难的问题，创新推出损失分担模式，以IFC损失分担对企业进行融资增信。

3．联合EMCA协会批量服务节能服务公司。2011年4月8日，北京银行与中国节能协会节能服务产业委员会（以下简称EMCA协会）签署《战略合作协议》，共同搭建节能融资服务平台，北京银行承诺将在未来5年内为EMCA会员企业提供意向性授信100亿元人民币，约形成年节能能力560万吨标煤，实现年减排二氧化碳1400万吨。同时，北京银行将借助EMCA协会专家力量，进行节能技术核实认定，扫除银行支持节能领域的技术障碍，进行批量节能服务公司融资支持。

2011年，北京银行总结多年节能减排领域融资支持经验，结合节能企业轻资产、投入大、回收慢等运营特点，实行节能产品的升级完善，正式推出“节能贷”绿色金融服务方案，该项服务方案根据节能领域特别是节能服务公司轻资产、投入大、回收慢等业务运营特点，结合企业节能收益分享收入来源，创新推出未来收益权质押贷款模式，并可根据企业承揽项目采取打包授信支持方式。

七、中国银行的信贷指引

中国银行总行《支持节能减排信贷指引》（下称《信贷指引》）为内蒙古分行提供了发展授信业务的动力和调整信贷结构的依据。中行内蒙古分行依托当地风力资源富集和煤炭储量丰富的优势，密切关注国家节能减排政策动态、行业信息和环境指标水平，有保有压，区别对待，积极支持清洁能源和节能环保产业发展，大力推行“绿色信贷”，重点支持风力发电和煤清洁净化行业发展，从而实现信贷结构调整和优化，节能减排效果显著。

中行内蒙古分行依托当地风力资源富集和煤炭储量丰富的优势，密切关注国家节能减排政策动态、行业信息和环境指标水平，有保有压，区别对待，积极支持清洁能源和节能环保产业发展，大力推行“绿色信贷”，重点支持风力发电和煤清洁净化行业发展，从而实现信贷结构调整和优化，节能减排效果显著。

按照国家关于“探索煤炭高效清洁转化和石化原料多元化发展的新途径”的战略部署，重点支持了大唐能源化工有限责任公司的年产40亿立方米的煤制天然气、内蒙古伊泰集团有限公司年产16万吨煤制油等重点项目。截至2010年5月末，中行向煤炭洁净化行业投放贷款近40亿元，支持的项目多为国家战略型能源项目。其中，大唐煤制天然气项目是我国最大的煤制天然气项目，项目总投资257亿元，煤制天然气配套输送管线全长359公里，直接并入北京燃气管网，2012年建成投产后，天然气年产量将达到40亿立方米。该项目对进一步提高天然气在一次能源消费中所占的比重，改善北京地区的空气质量，实现节能减排目标具有重要的意义。

八、北京碳排放权交易试点启动

（一）北京碳排放权交易试点

2012年3月28日，“北京市碳排放权交易试点启动仪式”举行，在国家发改委批准的“7个碳排放权交易试点省市”（北京市、天津市、上海市、重庆市、湖北省、广东省及深圳市）中，北京市率先迈出了一步。

在已上报国家发改委的《北京市碳排放权交易试点实施方案（2012—2015）》（以下简称《北京试点方案》）中，被强制纳入的交易主体为，北京市辖区内2009—2011年年均直接或间接二氧化碳排放总量1

万吨（含）以上的固定设施排放企业（单位）。被强制纳入北京市碳排放权交易的交易主体，不但包括企业，而且也包括事业单位，共有600家企业和事业单位被强制纳入北京市碳排放权交易。根据《北京试点方案》的安排，所有强制市场参与者将被设定排放总量控制目标，也会被分配二氧化碳排放配额，并实行强制市场参与者排放报告制度。

北京市节能减排方面的基数较低，在“十二五”时期，该市万元GDP能耗（即“碳强度”）还要再下降18%，在这种情况下，依靠能源结构的外延式调整，通过关停并转来实现以退促降的空间已经越来越窄，在现有行政手段和措施的基础上，需要发挥市场机制的作用。

1. 碳交易主体界定

在任何一种交易中，交易主体的界定，即“谁来交易”，是首先要解决的问题。根据《北京试点方案》，被强制纳入北京市碳排放权交易的交易主体为，北京市辖区内2009—2011年年均直接或间接二氧化碳排放总量1万吨（含）以上的固定设施排放企业（单位）。

一般来说，二氧化碳排放情况可以从年消耗标准煤乘以一个系数（2.745）算出，也就是说，年综合能耗5000吨标准煤的用能单位，年二氧化碳排放为13725吨，超过了10000吨。北京市以二氧化碳排放数量界定碳排放权交易主体的方式，有点类似于“日本东京都总量控制与交易体系”，该体系覆盖范围为年消耗燃料、热和电力至少1500千升原油当量的大型设施，为像北京市这样的经济总量大、工业排放少的特大型城市的强制减排提供了借鉴。

世界上规模最大也堪称最成功的欧盟碳排放交易体系（EU ETS），其作为试验性的第一阶段从行业入手，只覆盖了五个行业，包括能源供应（包括电力、供暖和蒸汽生产）、石油提炼、钢铁、建筑材料（水泥、石灰、玻璃等）、纸浆和造纸。当时也是因为准备时间不够，而放弃了覆盖更多的行业。

2. 直接与间接碳排放权交易同时进行

根据《北京试点方案》，北京市碳排放权交易试点的交易产品包括，直接二氧化碳排放权、间接二氧化碳排放权和由中国温室气体自愿减排交易活动产生的中国核证减排量（CCER）。

“直接”领域里，主要包括热力供应、电力和热电供应；“间接”领域里，主要包括制造业和大型公共建筑。综合考虑企业（单位）历史排放水平、行业先进排放水平、行业技术发展趋势、全北京市经济结构调整及节能减排淘汰落后产能整体工作安排等因素，设定不同行业的排放系数，按行业制订配额分配方案。

价格也是关注的问题，主要由供需双方采取协商、竞价等市场化方式确定，当市场波动过于剧烈时，政府采取公开市场交易方式调节价格，即当市场配额严重短缺，交易价格过高时，政府通过拍卖等市场化操作方式投放部分配额入市；当市场配额过多，交易价格过低时，政府通过回购等市场操作方式回收部分配额。

价格也是关注的问题，主要由供需双方采取协商、竞价等市场化方式确定，当市场波动过于剧烈时，政府采取公开市场交易方式调节价格，即当市场配额严重短缺，交易价格过高时，政府通过拍卖等市场化操作方式投放部分配额入市；当市场配额过多，交易价格过低时，政府通过回购等市场操作方式回收部分配额。

3. 如何促进流动性与加强监管

在促进二氧化碳排放权交易流动性方面：配额不可预借，不可储存至2015年后使用，每年度在规定时间前，强制市场参与者需上缴所拥有的配额或中国核证减排量，用以抵销该年度的二氧化碳排放，抵销其排放量后有剩余排放配额的强制市场参与者，可以把其配额转让给其他市场参与者；自身排放量超过其拥有初始配额的，可购买配额或中国核证减排量，强制交易市场参与者不能借用未来的二氧化碳排放权。

另外，促进流动性需要有代表投机色彩的中间方的参与，但是《北京试点方案》对此没有太多的表述，只提到“鼓励银行等金融机构引入温室气体减排评价要素，为碳排放交易市场参与者提供减排项目融资服务”。

对于银行金融机构的参与，现在碳排放权交易只是一个现货的市场，企业如果在每年的第一季度去超额出售配额、超卖的话，实际有一个很大的风险暴露窗口，银行现在又没有期货期权这样的风险管理工具，势必阻碍企业在这方面交易的内生动力。

至于监管方面，需要与北京市地方立法结合起来，希望能在2015年之前出台《北京市碳排放权交易市场条例》，在其没有出台之前，先发布一个《北京市排放权交易管理办法》，制订有关的、最基本的一些规定以规范这个试点。

4. 广东省碳排放权交易试点

2012年9月11日，广东省碳排放权交易试点启动，广东塔牌集团股份有限公司、阳春海螺水泥有限公司、中材（罗定）水泥有限公司、华润水泥（罗定）有限公司4家水泥企业，在广州碳排放权交易所平台上，率先签署了《碳排放权配额认购书》。水泥企业为了将来的新增产能，以60元/吨的价格，共7800万元认购了130万吨碳排放权配额。

《广东省碳排放权交易试点工作实施方案》规定：广东省发改委要对节能审查结果为年综合能源消费量1万吨标准煤及以上的新建固定资产投资项目进行碳排放评估，并根据评估结果和全省年度碳排放总量目标，免费或部分有偿发放碳排放权配额。此类项目是否获得与碳排放评估结果等量的碳排放权配额，可作为各级投资主管部门履行审批手续的重要依据。

除了水泥行业外，纳入广东实施碳排放总量控制和配额交易的行业，还包括电力、钢铁、陶瓷、石化、纺织、有色、塑料、造纸等工业行业。广东省统计局的数据显示，纳入控排企业范围的827家工业企业，年综合能源消费总量为11067.8万吨标准煤，约占全广东省能源消费量的42%，广东省工业能源消费量的62.7%。

附录一

2010年9月至2010年11月，由中国社会科学院城市发展与环境研究所与21世纪经济报道联合对中国境内代表性的企业的低碳发展状况进行了问卷调查。

首先挑选了11个典型行业，即：电力、钢铁、化工、汽车、电器、新能源、食品、印刷包装、信息、房地产、金融，另外还有一个综合集团类，共12类，分别设计问卷，有针对性地发放调查表。这次共计发出106份调查表，其中中国企业78家，跨国公司28家（含合资）。

调查问卷收回之后，由中国社会科学院组织了低碳领域权威专家和部分行业专家，专家根据企业反馈的调查问卷及自身对企业情况的了解，对调查企业进行打分，最终评选出低碳先锋企业15家。

2010年荣获低碳先锋企业名单（15家）

巴斯夫（中国）有限公司
杜邦中国集团有限公司
富士胶片（中国）投资有限公司
国家电网公司
海尔集团公司
广东格兰仕集团有限公司
广汽本田汽车有限公司
利乐（中国）有限公司
理光（中国）投资有限公司

通用电气（中国）有限公司
兴业银行
万科企业股份有限公司
英利绿色能源控股有限公司
中国汇源果汁集团有限公司
招商局地产控股股份有限公司

2011年9月至2010年11月，中国社会科学院城市发展与环境研究所和21世纪经济报道再次对中国境内企业低碳发展状况进行了调查，本次调查共选取了电力、化工、钢铁、汽车、房地产、金融、信息产业、印刷包装、电器、食品（饮料）、新能源以及综合性集团公司共12个类，共计收回近百份调查表，其中中国企业56家，跨国公司42家（含合资）。在调查的基础上，邀请了来自中国社会科学院、清华大学、国家发改委能源研究所等低碳领域权威专家和部分行业专家，专家根据企业反馈的调查问卷及自身对企业情况的了解，对调查企业进行打分。2011年度评选出18家企业为低碳先锋企业，5家企业为清洁技术先锋企业，以及1名企业的“最佳气候官”。

2011年荣获低碳先锋企业名单（18家）

通用电气（中国）有限公司
德意志银行（中国）有限公司
巴斯夫（中国）有限公司
施耐德电气（中国）有限公司
拜耳（中国）有限公司

三星（中国）投资有限公司
中国平安保险（集团）股份有限公司
招商局地产控股股份有限公司
青岛啤酒股份有限公司
方兴地产（中国）有限公司
科勒（中国）投资有限公司
香格里拉酒店集团
海尔集团公司
北京银行股份有限公司
中兴通讯股份有限公司
大唐电信科技产业集团
众泰控股集团有限公司
金红叶纸业集团有限公司

2011年荣获清洁技术先锋企业名单（5家）

英利绿色能源控股有限公司
阿尔斯通（中国）投资有限公司
艾默生贸易（上海）有限公司
北京合力清源科技有限公司
北京万邦达环保技术股份有限公司

2011年荣获最佳气候官名单（1名）

姚一鸣　广汽本田汽车有限公司执行副总经理

附录二

2010年中国企业低碳发展高峰会

2010年12月2日，21世纪经济报道与中国社会科学院城市发展与环境研究所在北京联合主办了“碳金中国策”——中国企业低碳发展高峰会。来自全国政协、国家发改委、工信部、环保部、住建部、国家林业局等相关部委的领导以及中国工程院、中国社科院等机构院士与著名专家和芝加哥气候交易所CEO等国内外企业代表参加了会议。专家们就中国企业的低碳发展现状与趋势、企业低碳发展转型、气候变化对企业发展的影响、低碳发展贸易壁垒应对、首席气候官与企业可持续战略制定等话题发表了精彩演讲。会议最后对2010年度中国低碳先锋企业进行颁奖。这次会议得到了各界的高度评价，引领了低碳转型发展的风向，激励了低碳发展先行企业的信心和决心。

以下是嘉宾观点摘录：

全国政协人口资源环境委员会副主任王玉庆：

狠抓节能是低碳的现实选择

低碳经济最近谈得比较多，我觉得不应该把它神秘化，对于我们这样一个发展中大国，单位GDP能耗很高，狠抓节能是减少碳排放最现实的选择，可以实现能源增量的总量控制。节能涉及众多领域，工业节能、建筑节能、交通节能、能源的梯级利用和智能电网的改造等等，在这些方面都大有可为。

要抓紧制定国家的能源发展战略和中长期规划，统筹考虑各种能源的合理配备和科学的开发利用，规划不单要保证经济社会发展对能源的需求，更要考虑对需求的管理，控制能源消费过快增长，这要作为基本国策来对待。

要从经济结构的调整入手，要加快发展服务业，特别是生产性服务业和文化产业，提高其在GDP中间的比重，要大力发展战略性新兴产业。

环保部核安全总工程师杨朝飞：

五措施助力环境责任保险

现在，环境责任保险也面临着困难和挑战：第一，污染险的技术储备不足；第二，法律依据不够充分；第三，企业担心会增加它们的生产负担；第四，保险公司顾虑重重，担心企业发生重大事故之后会使其遭受损失。

下一阶段，在环境污染责任保险方面主要是选定了六个领域来开展试点工作：储存运输危险化学品的企业、容易发生污染事故的企业、危险废物处理企业、垃圾填埋厂、污水处理厂以及工业园区。

我们正在研究制定鼓励环境责任保险的政策。第一，将企业投保费用在税前支出；第二，排污收费可以部分补贴投保费；第三，建立专项基金赔偿超限污染损害；第四，探讨用环境税费来鼓励企业投保；第五，研究对保险公司环境责任保险实行减免营业税。

在环境监管和信贷方面也要介入，绿色信贷可以把存在风险的企业贷款和投保结合起来，环境监管也可以对一些风险比较高的企业作为审批的前置条件。

国家发改委应对气候变化司副巡视员孙桢：

爱国和低碳并不矛盾

在应对气候变化方面，企业界的作用不可低估。气候是全球公共财产，政府只是利益相关者之一，而不是气候问题的终结者。一个国家倾向于只做该做的、能做的事情，即便再有地球责任感也会考虑本国企业的实际利益。当然，所谓国家间的角力的目的是全球合作，而不是相反，企业界对此要有正确的认识，爱国和低碳并不矛盾，二者是一致的。

去年以来，随着气候变化问题的升温，也出现了很多质疑气候变化科学结论的声音，这中间也掺杂了来自企业界的声音。因此当前最紧要的工作仍然是要大规模地普及气候变化的科学知识，深化全社会的环境忧患意识，推动建立公正合理和科学有效的全球气候变化体制。

在应对气候变化方面，行政手段继续发挥着重要的作用，但同时法律和经济手段需要进一步发挥作用。企业显示出来少有的主动和热情，并期待政府给予指导。因此，我们将加强政府与企业之间的合作。比如碳排放交易体制的建立，又如碳捕捉与储存技术的应用，如果没有政府与企业之间的顺畅合作，简直就是不可想象的。在未来的碳交易体制下，企业的守法和诚信应该是最重要的，这样可以大大地降低管理成本。我认为在制度设计上，应该鼓励诚信者，例如，在普遍征收碳税时，我们可以对诚信企业给予适当的减免，以此推动政府与企业之间更为有效的合作。

工信部节能与综合利用司副司长高东升：

“十二五”节能减排指标落实到企业

节能减排，低碳发展，重点在工业，难点在企业。对此，我们有几个初步的考虑。第一，加强规划引导，从宏观上来谋划我们如何节能减排。即从战略上要构建低碳的产业体系。

第二，大力推动我们低碳技术进步。清洁煤的应用、煤电一体化，积极开发新能源，如生物质能源、清洁能源等。

第三，优化产业结构。首先是产业内部结构优化，要用低碳技术，改造提升我们现有产品。其次是延伸产业链，即从产业的两端来延伸，跨产业间的延伸，如大力发展服务业。此外，发展新产业即战略性新兴产业。当然，淘汰落后产能也是我们节能减排的重要方面。

第四，加强节能减排低碳的管理。主办方有个非常好的创意，叫首席气候官，首席气候官来自企业。节能减排作为约束性目标，在“十二五”期间将会分解到重点行业、重点企业中。“十一五”期间约束指标约束地方政府更多，“十二五”节能减排的指标，低碳发展的指标，更多地要落实到企业。对重点的耗能企业，“十一五”期间是1000家，未来可能会调整到3000家甚至5000家。即把80％以上的企业纳入到我们的管理范围。

还有，从源头控制我们高耗能、高排放、高碳产业的发展，加强节能评估的审查、环评等等，从源头控制新上项目的建设。从企业层面来看，我觉得一个企业一定要把低碳发展纳入到战略层面，低碳不是负担，而是企业发展、提升竞争力的需要。

住房和城乡建设部建筑节能与科技司巡视员武涌：

大规模推动新型墙体材料的应用

现在我们每年建筑的总量大约维持在18亿到20亿平方米，如何使这么大面积的建筑能够实现低碳、节能的发展，是我们遇到的最大问题。目前我们主要采取以下措施来促进绿色建筑发展。

第一，抓新建建筑的节能设计标准。从20世纪90年代执行节能30%的标准，到今年我们已经在北方地区全面推动节能65%的标准。在“十二五”期间，我们将执行更高的节能设计标准。

第二，加强对既有建筑的节能改造。在“十一五”期间国务院确定的任务是要完成1.5亿平方米，到今年10月我们已经达到了1.67亿平方米。在“十二五”期间，我们还想把改造的范围从居住建筑推广到公共建筑。

第三，针对中国政府办公建筑和大型公共建筑建立节能监管体系。

第四，可再生能源在建筑中的规模化应用。我们正在梳理各个示范项目和示范城市的经验，准备形成可再生能源在建筑中规模化应用的政策和法规体系、技术体系、标准体系、产业支撑体系。

第五，我们正在大规模地推动新型墙体材料和其他节能环保材料的研发、制造和推广、应用。目前，新型墙体材料在建筑中的应用已经达到了60%的比例，下一个五年我们将继续提高应用比例。

国家林业局造林绿化管理司副司长李怒云：

企业储存碳信用可未雨绸缪

中国以煤为主的能源结构短期内是难以改变的，但林业碳汇能够给企业提供一个减排缓冲期，因为通过林业碳汇吸收二氧化碳的成本是很低的。

中国绿色碳汇基金是国务院批准的第一个以吸收二氧化碳、增加碳汇为主要目标，应对气候变化的一个公募性基金会。我们已经建立了一套计量、监测、核证、注册等完整的碳汇交易体系，所以希望企业在节能减排和低碳发展当中，可以考虑一下怎样使用碳汇，以最低的成本达到减排效果，未雨绸缪，提前储存碳信用，实现低碳生产。

为了完成我们国家的自主承诺，在“十二五”期间，我们将从五个方面来解决林业碳汇的问题：第一，扩大林业面积，从今年开始每年造林到8000多万亩；第二是加强质量，加强森林可持续经营，增加碳汇的空间很大；第三，加强森林和湿地的保护，减少森林碳排放；第四，鼓励使用木质林产品增加储碳；第五，发展生物质能源促进减排。

中国可持续发展研究会副理事长张坤民：

不比GDP，比碳生产力

今年，中国人民大学完成了《中国人类发展报告》，里面的一些数据很有意思。从二氧化碳排放总量来看，美国曾经是最高的，它从40多亿吨到了60多亿吨，但是近年来略有下降，而中国作为一个发展中国家，人口是美国的四倍，所以我们这几年增长得比较快，从1970年的不到10亿吨，到现在已经超过了60亿吨，成为世界第一排放国。

从碳生产力来看，结论又会有所不同。所谓碳生产力，简单地说你排放了一吨二氧化碳能创造出多少GDP，碳生产率越高越好。尽管发达国家人均GDP是很高的，但是他们的碳生产率也还是有差别的，日本比较高。

中国在碳生产率方面就更低了，在20国集团中，虽然中国国民生产总值的总量已经是第二了，但是我们的碳生产力还比不上印度和印尼，变成了第三位。怎么办？只有转变发展方式。要建立政府主导、企业参与、市场运作的良性互动机制。

WWF（世界自然基金会）中国区首席代表Jim Gradoville：

消除碳足迹是硬仗

我们和环保部合作，发布了一份《中国生态足迹2010年报告》。在2003年中国平均每一个人的生态足迹是1.6亩，这就说明我们每一个中国人在2003年对于土地和水的需求是1.6公顷。2007年的生态足迹是2.2公顷，四年中生态足迹已经增加了37.5%。

中国在生态足迹增长最明显的一个方面，就是碳足迹。2008年，中国31个省份中有29个省份的碳足迹占到了整个生态足迹的50%，在上海、北京和天津以及其他省份，像山东碳足迹在整个的生态足迹中占到了65%的比重。可见，消除碳足迹是一场硬仗，而现在结果并不是很好。在碳减排方面，一定要采用新的、好的管理方法来应对挑战。

中国社会科学院城市发展与环境研究所所长潘家华：

刚性约束下的第四次产业革命

低碳是我们第四次产业革命，它与前三次产业革命有一个根本的区别，前三次的产业革命都是技术引领型的，前面有技术，后面大家是自觉地蜂拥而至，没有人强迫你必须在哪一年达到什么样的技术目标。低碳革命却不是这样，没有技术引领，大家趋之若骛，而且低碳革命是一种刚性约束下的革命。蒸汽机、石油、信息革命都是一种没有边界的革命，可无限发展，但是我们的低碳革命却是有个碳的刚性约束。也正因为是这样，所以我们每一个企业，每一个人都有这个机会，这就是机遇。

中国社会科学院城市发展与环境研究所副研究员陈洪波：

如何衡量低碳企业

首先是碳生产力。碳生产力我们可以考虑以下几个方面，首先基本的含义应该说是每吨二氧化碳所创造的GDP所创造的工业增加值，或者所生产的产品数量。我们所选的所有企业，它的能耗至少要高出行业的平均水平，能源效率要至少高出行业平均水平30%。其次要看低碳发展的战略和目标，能否有意愿制订低碳发展的战略、减排目标。再次，要看企业内部是否有碳盘查、碳披露。最后是价值链上的管理，也包括低碳投入等。

芝加哥气候交易所首席执行官Richard Sandor：

上万亿美元碳收益的中国时代

将空气和水商业化是下一个时代价值创造的方向。参与美国自愿式碳交易计划的企业，占到了17%的道琼斯指数，11%的财富100强，还有20%的能源公司。在过去六年我们减少了4亿吨的减排，这是相当于整个法国的减排量。“十二五”规划将开启中国式碳交易时代。按照我们的经验，中国如果投入900万到1800万美金用于碳交易，就可能实现7500亿美元甚至是上万亿美金的收益。这需要中国了解排放限额和交易的知识，需要重新开发，对这些机制进行重新定义，适合中国使用。

广东绿色产业投资基金理事长李学锋：

减排新模式“基金会投资+政府参与”

以合同能源管理为例，企业是其9个组成部分之一。“基金会投资+政府参与”的模式可以更好地帮助企业减排。未来三年，我们将在10个省成立10个类似的基金，从公共节能减排节电项目开始。同时我们将投资200亿美元在垃圾发电和水处理领域，打造100个示范点，聚集500亿美元投资100个煤能源优化基地。

巴斯夫大中华区管理董事会董事长、巴斯夫全球高级副总裁关志华：

自我盘查碳足迹

传统的化工企业形象一直是高污染、高能耗、高风险的。如何引导公众改变对化学的固有印象，这是作为一个化工行业领袖所要承担的行业责任。所以我们首先要把自己工业的本职做好。巴斯夫是全球唯一一家从2008年起就定期发布企业综合碳足迹的工业公司，也被认为是全球最可持续的化学公司。巴斯夫的目标是到2020年每吨产品所产生的温室气体减少25%，同时也把我们生产的能耗效能提高到25%，两个加起来接近50%（此为当时巴斯夫集团2010年的环境保护目标）。同时，我们坚持和供应链共同发展，用最好的技术影响并推动整个行业的可持续发展。

英利集团首席战略官、首席气候官马学禄：

光伏不一定要争电网

运输资源太阳能在某些领域，已经具有了比传统的化石能源成本低的，既清洁又成本低的这种优势。中国已经形成了全球最庞大的光伏产业链，2009年中国的光伏组建占全球总量40%。我们认为，只要中国启动2个吉瓦的市场就可以使整个中国光伏产业均衡发展起来，具备和传统化石能源直接竞争的商用价值。为企业建立独立的太阳能发电系统，既不需要和电网争运输资源，也不会有电力耗损。

招商地产副总经理胡建新：

绿色地产是新商业模式

房地产行业有两个绿色使命：一是建造节能、节材、环保健康的单体建筑；二是建造绿色社区。作为绿色地产商，我们希望提供低消耗绿色低碳空间。对房地产行业来讲，不仅仅要在建筑本体上做绿色低碳，还要在交通和产业园区、社区这些方面上去做绿色低碳，更要坚持生活方式的绿色低碳。同时，绿色地产的开发模式创造了一种新的商业模式，节能环保提供本地就业机会，将企业使命与可持续发展相结合来实现社会责任。

富士胶片（中国）投资有限公司副总裁徐瑞馥：

产品环保度直呈竞争力

富士胶片制定了为期十年的削减二氧化碳排放计划，覆盖了从原材料的采购、制造、运输、使用到废气再循环利用的整个产品生命周期。旨在到2020年为止，将集团的二氧化碳排放量在2005年的基础上削减30%。2007年8月富士胶片集团成立了地球温室化效应对策推进委员会，由生产、物流、研发部门、总公司等各个部门分别设定相应的目标以及节能环保的措施。我们意识到，今后企业的环保程度、产品的节能性及安全性优良与否，将进一步拉大产品之间的差距，甚至直接影响产品销售。

广汽本田汽车有限公司生产本部副本部长李文英：

综合能耗处于行业前列

从2008年首次公布了降低二氧化碳排放的计划，到2010年比2005年单台产品CO_2排放量降低6%，广汽本田累计减少二氧化碳排放量5万吨。到目前为止，广汽本田已经实施了超过270项节能措施，在综合能耗方面处于同行业领先水平。预计到今年年底，广汽本田的减排预计可以达成5.8万吨二氧化碳。在2004年建立的增城工厂，秉持“绿色工厂”的理念来建设，也是汽车行业第一家导入废水零排放的企业，而目前这样一个标准也已成为国家相关部门对一些新的投产企业环保评价标准的参考。

2011年21世纪低碳中国发展高峰会

2011年21世纪低碳中国发展高峰会主题为“以清洁发展为新增长坐标”，会议邀请了包括国务院发展研究中心、环保部、国家能源局等政府单位领导，国家发改委能源研究所等研究机构以及企业界杰出代表于一堂，共同探讨中国实现清洁发展之策。峰会现场，发布由中国社会科学院城市发展与环境研究所与《21世纪经济报道》共同推出的《2011中国企业低碳发展报告》。

以下是嘉宾观点摘录：

广东二十一世纪传媒股份有限公司副总裁刘洲伟：

搭建增长与环境的良善框架

气候变化和经济危机为中国的跨越式发展提供了难得的契机，中国必须抓住这次机会在发展和低碳中找到平衡点。清洁发展作为新的发展模式，不仅是实现全球减排目标的战略选择，而且也是保证经济可持续增长的有效途径，因此清洁发展必将成为增长的新坐标。目前中国已经在多个清洁技术服务领域取得成就，其中以可再生能源相关行业最为突出。

目前，中国清洁能源投资已经增长到511亿美元，成为迄今为止清洁能源投资数额最大的国家，这是一个和谐的数字。对商业来说，全球性的气候变化本身构成了非常大的挑战，但同时我们也看到了机会，有远见的企业家在全球性绿色事业中主动寻找挖掘绿金的路径。

国务院发展研究中心副主任刘世锦：

绿色发展机遇与挑战并存

当绿色发展作为一种新的增长动力时，其也为中国发展开启了一个新篇章，创造了一个世纪机遇。既然是一个机遇，就存在抓住机遇的问题，谁走在前面，准就可能抓住这个机遇，就可能占据制高点。总的来讲，这个问题我们要看得稍微深一点儿、远一点儿，有点前瞻性。绿色发展是新的经济增长的动力，绿色发展不是负担，而是一个新的机遇，先抓住机遇，就可能赢得先机。

作为一个机遇，中国优势明显。其中包括一个强政府以及其强有力的公共职能履行能力；后发优势，经济增长也可以通过发展绿色产业来实现；庞大的市场、资本和人力优势；传统部门的技术改造空间巨大；用绿色发展模式避免城市化“锁定效应”，减少环境成本；中国强大的制造能力。这些都将推动中国绿色产业链条的形成和完善。

虽然目前优势众多，但是还需要扫清前行的障碍。我们目前需要有足够的激励机制，以及要解决体制和机制问题。概括来说就是为绿色转型提供强大的市场激励，主要包括两方面：第一，为绿色发展提供基础性的市场条件，现在最重要的就是要理顺我们的煤炭、电力、天然气和水等资源性产品价格形成机制；第二，在减少碳排放和环境保护方面，加快引入市场化机制。另外，要处理好政府、市场和企业的关系。政府需摆对位置，在创新的过程中政府应当给企业更多的自主空间，用市场竞争的方式让企业家自己选择技术路线和鼓励企业在探索中去开拓技术前沿。

环境保护部污染防治司巡视员李新民：

“十二五”期间七大措施“控污”

中国经济飞速发展的同时，也带来了酸雨区的扩大化，能源消耗增加化，城市化生活污水排放量的上升，危险废物利用和处置能力区域不平衡、结构不合理，土壤污染严重化等问题。环境问题严重制约着我国的绿色经济增长。讲究低碳环保的今天，我国经济成长之路不能沿用过去发达国家的发展之路。如何平衡经济增长和环境约束，是我们面临的两大现实问题。为此，“十二五”期间污染防治的目标就是减少排放，改善环境质量。

具体手段有七个：第一，总量控制，主要污染物控制在“十一五”期间的二氧化硫和COD的基础上增加了两个，即氨氮；第二，从产业和技术水平上以调整结构、园区化经营来推进清洁生产；第三，推进区域污染防治联防联控的战略，加大对机动车的污染防控；第四，实施跨流域跨界断面考核，加强对饮用水源保护，实施地下水防控规划；第五，加大特殊行业环保核查，梳理评估、综合整治危险化学品的生产、使用、储存，危险品生产制造行业；第六，加大危险废物、电子废物、大宗工业废物处理处置的监管力度；第七，场地污染的风险评估，场地污染的修复治理试点。

国家能源局新能源和可再生能源司副司长史立山：

建设以核电为基础的可再生能源体系

能源在低碳发展中的重要性越来越突出，但能源问题已经制约着中国的绿色经济发展。要解决能源问题只有两条可行之路，即提高能源利用率和开发可再生能源。“十二五”期间还是要扩大可再生能源的比重，全面提升产业能力，特别是可持续的能力。

“十二五”要扩大可再生能源的比重：第一，加大技术成熟的水电的开发，包括流域的规划，包括由水电建设带来的环保问题；第二，加强风电电网建设，促进技术进步，在风力资源方面多下工夫，使风电系统平衡运行；第三，在西部资源丰富的地区，地方可积极开拓和太阳能结合的技术、管理的试点示范来推动太阳能产业的发展。继续扩大太阳能热利用、太阳能热发电、太阳能热水系统利用；第四，逐步开发生物质能，试点地热和海洋等能源的探索。就中国能源需求要达到顶峰而言，如果我们按照发达国家标准简单地推断，人均需5吨标煤，总量要达到60多亿吨；装机来讲，发达国家人均装机是两千瓦以上，我们现在是0.7千瓦，总量要达到30多亿的装机容量。因此能源发展的空间和发展的压力非常大。

因此，在未来要构造一个以核电为基础，以水电为调节，以新能源，风电、太阳能为电量主体来源的智能化的电力系统，我们应该向着这样的目标方向来改革我们的体制，推动技术进步。但是值得注意的是，由于风能、太阳能和生物质能的成本太高，因此必须解决好成本和经济性的制约。

国家发改委能源研究所副所长王仲颖：

发展可再生能源势在必行

按照我国经济发展“三步走”的战略思想，发展仍是我国未来30年的“主旋律”。经济增长与能源需求有着密不可分的联系。没有能源的不断供给，经济的增长将会停滞不前。但传统能源引发的环境危机已经给人类带来了巨大的影响。因此，人类必须寻求安全、清洁的能源供给方式，发展可再生能源势在必行，从而支撑可持续的人类文明发展。

在能源转型阶段，必须做到两点：第一，创新思路。以可再生能源的规模化超越式发展推动能源转型，为建立未来可持续的能源系统开启创新思路之门。第二，科学决策，使可再生能源发展良性循环。从大规模超越式发展可再生能源到电力体制改革和能源转型，再到经济、稳定、可持续的能源系统的建成，最终再次促进可再生能源的发展。就可再生能源发展战略目标而言，到2020年，作为有效的补充能源，可再生能源消费占一次能源消费比重15%—17%；到2030年，占一次能源消费20%以上，成为主流能源之一；到2050年，占一次能源消费1/3以上，成为主力能源。

芬兰大使馆参赞溥明睿：

清洁发展靠教育投资和创新精神

芬兰清洁技术的发展是靠教育的，政府和企业通过教育培养未来官员、企业家以及高素质公民。倘若没有教育作基础，实现节能和技术创新是困难的。

芬兰重工业所占比例很大，但是依然能保证经济高速发展与环境需求相匹配。这说明在保持经济快速增长的同时，有效控制能耗是可以达到的。通过芬兰的清洁发展经验可以看出，处理经济发展和环境和谐共处关键在于环保法律的健全、强有力的政府行为、企业的创新、公民对环境保护意识的提高。

中国社会科学院城市发展与环境研究所研究员罗勇：

低碳时代下“先锋”的评价标准

气候变化给中国发展提出了一个独特的环境组合问题，就是在防治传统污染的同时需要采取延缓气候变化有害影响的行动，这增加了中国发展所面临环境挑战的复杂性。在未来中国发展的进程中，复杂的气候变化问题会一直伴随着我们，在这种情况下，低碳经济可能是中国实现可持续发展的一个重要选项，而低碳企业是这种转变的关键。企业作为一个整体，是最主要的温室气体排放源，企业承载着技术创新、能源供给、设备制造等众多功能，同时也肩负着公民的义务与社会责任。

我们给出了低碳企业的五个衡量标准：第一，碳生产力；第二，低碳规划和减排目标；第三，碳管理；第四，低碳投入；第五，低碳意识。企业要在生产过程中尽可能地减少二氧化碳等温室气体的排放，在技术支持下以最少的碳排放创造出最多的产品和服务，最终将碳管理贯彻于整个价值链中。

同时，清洁技术先锋企业的评价标准是在清洁能源利用、产品开发、清洁技术研发、低碳服务等领域走在前列的企业，企业有市场竞争力及开拓精神，在技术上有一定的自助性，产品的口碑和市场评价良好。

巴斯夫大中华区管理董事会董事长、巴斯夫全球高级副总裁关志华：

“化学效应”与低碳减排共舞

未来的世界对能源的需求，对人口的增长，对城市化的要求，都会给能源消耗带来压力。作为全球领先的化工公司，它的发展是一个平衡可持续的发展，把经济、生态与社会责任结合起来，并发挥化学对低碳减排的作用。巴斯夫“化学魅力”在于提供不同的化学可持续解决方案以及新技术、新材料使其在不同的行业发挥作用。

巴斯夫利用工程塑料以及其他新型材料实现汽车行业的低碳突破。今年在法兰克福推出的概念车就是巴斯夫在汽车行业利用新技术和新材料的创新成果；建筑行业利用包括隔热的保温材料、太阳光材料等，轻松减掉50%—70%的耗能。

广汽本田汽车有限公司执行副总经理姚一鸣：

汽车的全方位“绿化”之路

“十二五”期间，我们的减排目标是，单位GDP降到16%，二氧化碳排放降低17%，通过清洁生产和环保公益等活动实现生产过程中的二氧化碳与环境效益的双平衡。目前，本田从产品制造概念到产品本身，再到低碳制造工厂的建设，用全方位的绿色发展目标，打造新型绿色低碳汽车。目标加上实际行动会“让孩子的天空更蔚蓝”不再是梦想，而是现实。

广汽本田一直坚持绿色产品，我们凭借着先进的发动机技术，实现了高功率的输出，低燃油的消耗以及清洁排放的理想平衡，所有的车型均实现了优秀的燃油经济性，同时排放均达到了国四的标准。除此之外，我们选用环保材料，整车材料回收率已达到了90%以上，并且启动了新能源车的计划，导入本田最先进的小排量混合动力车型，今年11月，本田电动车也在广州进行了试验启动仪式，有望于2012年年底生产电动汽车。在绿色低碳工厂建设方面，2006年建成以及投产的广汽本田增城工厂，是全球第一个导入污水零排放的汽车工厂，工厂所有生产污水以及生活污水均通过处理全部回收，回收率达到100%。

大唐电信科技产业集团战略发展部副总经理王亚宏：

信息领域节能减排靠技术创新

大唐注重技术的研发和创新，我们已经掌握了游戏规则。截至目前，大唐累计专利1万项，并且大部分是国际专利。值得肯定的是，大唐在TD SCDMA自主创新是最重要的一点，为我们可持续发展奠定了基础。

从整体看来，中国自主创新和节能减排能够很好地结合起来。通过集成度的提升进一步降低功耗，我们通过持续的进步，每两三年芯片提升一倍，整个功耗往下走。这是半导体摩尔定律起作用。同时我们采用创新技术降低功耗，如智能化控制体系，有人的时候把通道多开一点儿，没人的时候就把通道关掉，灵活处理，通过技术实现。同时我们践行了绿色环保包装，包括机站设备的包装。在战略新兴产业中的节能、环保、新能源汽车领域，我们都能提供解决方案，比如芯片技术可以为底层驱动提供一些创新解决方案。

德清源副总裁、北京合力清源科技股份有限公司总经理潘文智：

农业废弃物也能变成“绿金宝宝”

简单地说，我们国家是一个快速发展的国家，能源需求量非常大，但是我们的资源相对比较匮乏。其实，农业行业中看似是废弃物的东西，不论是林业的废弃物，还是养殖畜禽粪便的废弃物，都可以变成能源。

最近几年，我国对生物质能利用有一些政策上的支持，而且在不断加大支持力度。因此我们迎风而上，提倡用一种在世界上都有示范意义的循环经济的发展模式，用生化处理的方式把农业废弃物变为“绿色财富”。把鸡粪作为清洁能源开发并且并网发电。近期，我们将把当地的秸秆和其他的畜禽粪便结合起来使其产生沼气，通过集成压缩做成天然气，以作为当地农民生活用气和冬季取暖的能源。

环宇集团董事长李中东：

锂电池安全是一，其他都是零

实际上再好的设计也会把产品造得一塌糊涂，所以作为一个电池的制造工厂，在制造过程中如何抓品质都不过分，所以我们从生产的全过程，认真地去抓生产的品质，保证质量。我们选择软包装把电池包好，实际上就是把电池包在一个锂塑壳里面，这样的设计让电池在意外的情况下，产生破裂的冲击力会降低到最小。同时，我们设计出锂离子电池中使用电解液最少的工艺，这种设计方式同时把电解液减少到最小，理论上刚好够电池使用。如果出了意外电池燃烧，里面的电解液就不足以支持电池燃烧。

除此之外，关于电池更多的是使用和维护问题，大家都知道传统的燃油车跑3000千米或者5000千米要保养维护一次，但是很少有人知道我们电动车应该怎么保养。我们也在开发相应的维护保养方面的专用设备。

众泰控股集团董事长吴建中：

先锋的代价是行业的财富

作为新能源汽车市场化、产业化的突破口，众泰汽车创造性地提出让一辆车先跑起来，让一批人先用起来，让一座城市先完善起来的商业模式。这主要围绕众泰第一款电动车，在有新能源汽车消费意愿的消费者，以及新能源汽车产业发展与品质城市战略相结合的杭州市，事实上过去几年我们创造了新能源汽车领域里的几个第一。

值得思考的是：第一，任何的产品都是在不断的应用中完善起来的，所以新能源领域也更需要宽容和宽松。能源汽车的产业发展作为一个世界性的课题就更需要有人，有企业大胆地求是、小心地求证。第二，先锋的代价是行业的财富。作为整个行业最早推动市场化、产业化的国内新能源汽车企业，也是在不断实践的过程中，收获各方面的经验和教训，这些经历应该成为行业共同的财富。今天相对明天永远存在太多的不完善和不确定性，今天相对明天任何主动与积极都是一种进步。

施耐德电气（中国）投资有限公司首席专家杨俊乾：

低碳首先是电网的低碳

从宏观上看，智能电网的核心是配电网络。因为智能电网解决的主要原动力是可再生能源。另外，现在大力提倡的电动汽车和智能电网是密不可分的，也是智能电网的重要环节。当电动汽车上量以后，对现有电网冲击和影响会很大，因此智能电网能够对其有效地管理。智能电网能帮助我们有效地管理家庭用电设备，用电脑或者iphone就能收集家庭用电情况并进行控制，达到节能的作用。

如果我们现在要实现低碳，我们除推广可再生能源发电外，另一个重要的解决方案就是做需求侧的管理。需求侧实际是两块，一是节能减排，一是削峰，包括错峰，也包括大量分布式的电源参与到整个电网调动。

参考文献

[1]（美）约翰·杜威. 民主主义与教育[M]. 王承绪译. 北京：人民教育出版社，2001：5。

[2] Brenda Boardman.Achieving Energy Efficiency Through Product Policy: the UK Experience [J]. Environmental Science & Policy, 2004（7）: 165—176.

[3] Clark Kerr. The Uses of the University 4th[M]. Cambridge: Harvard University Press,1995: 50.

[4] George Psacharopoulos. Returns to Education: A Further International Update and Implications[J]. The Journal of Human Resources, 1985, 20（4）: 36—38.

[5] H.B. Chen, H.G. Hu, J.H. Pan. Low Carbon Development: Challenges for China as a Rapidly Industrializing Developing Country[J]. China & World Economy, 2005（13-2）: 64—77.

[6] Schiellerup, P. An Examination of the Effectiveness of the EU Minimum Standard on Cold Appliances: the British Case[J]. Energy Policy, 2002（30）: 327—332.

[7] Shinichiro Nakamura, Yasushi Kondo. A waste input—output life—cycle cost analysis of the recycling of end—of—life electrical home appliances[J]. Ecological Economics, 2006（57-3）: 494—506.

[8] Steinfeld H., Gerber P., Wassenaar T, et al. Livestock's Long Shadow: Environmental Issues and Options, Food and Agriculture Organization of United States, Rome, 2006.

[9] Surveys Undertaken 3 Years after the Label Was Introduced in Most EU Countries; Germany and Italy Were Slow to Implement the Legislation. Winward et al., 1998: 57.

[10] J. Winward, P. Schiellerup, B. Boardman, Cool Labels: the First Three Years of the European Energy Label Research Report 20. Environmental Change Institute, University of Oxford, UK,1998.

[11] Yoshikuni Yoshida, Yuki Inahataa, Miyako Enokiboria, and Ryuji Matsuhashi. Estimating COZ Emission Reduction in Eco—Point Program for Green Home Appliances in Japan[J]. Procedia Environmental Sciences, 2010（2）：605—612.
[12] 白颐. 石油化工行业低碳经济发展关注点[J]. 化学工业, 2010（4）.
[13] 包永华. 基于SWOT分析的低碳食品行业发展探析[J]. 科技管理研究，2010（20）：126—128.
[14] 郁绍倩. 食品碳排放标准及应对之策[J]. 现代经济信息，2009（20）.
[15] 蔡萌，汪宇明. 低碳旅游：一种新的旅游发展方式[J]. 旅游学刊，2010，28（01）.
[16] 陈启鑫，康重庆，夏清，等. 电力行业低碳化的关键要素分析及其对电源规划的影响[J]. 电力系统自动化，2009.
[17] 陈耀龙，低碳经济与我国汽车产业低碳化转型[J]. 中国市场，2010（10）.
[18] 城市碳排放建筑占半数"低碳房地产"将成趋势[N]. 科技日报.
[19] 程晓霞. 节能减排提高效率[M]. 北京：中国人民大学出版社，1999.
[20] 丁晓钦，尹兴. 资源约束不断加深下的可持续增长[J]. 经济学家，2010（2）.
[21] 董小军. 中国低碳转型的主要障碍[N]. 中国经济时报.
[22] 杜飞轮. 对我国发展低碳经济的思考[J]. 中国经贸导刊，2009（10）.
[23] 杜伟. 低碳经济与中国石油石化行业的发展[J]. 国际石油经济，2010（1）.
[24] 杜志雄，檀学文. 低碳农业与发展低碳食品体系的三条途径[J]. 理论探讨，2010（5）.
[25] 黄逊青. 家用电器的低碳之路[J]. 家电科技，2010（10）.
[26] 姜克隽，李婧，徐斯媚. 低碳认识不足影响未来发展——从中国企业与世界著名企业的比较看差距[J]. 中国国情国力，2010（10）.
[27] 焦俊，李垣. 企业绿色价值链及其持续竞争优势的形成[J]. 科技进步与对策，2008（11）.
[28] 康重庆，周天睿，陈启鑫等. 电网低碳效益评估模型及其应用[J]. 电网技术，2009（19）.
[29] 孔令雪. 低碳经济下的食品包装新思路[N]. 中国包装报，2010.
[30] 李红云. 中国的低碳选择[J]. 北大国际法与比较法评论，第一卷.

[31] 李建建．探索中国特色的低碳之路[J]．广东社会科学，2009（6）．
[32] 李俊峰，马玲娟．低碳经济是规制世界发展格局的新规则—世界环境[J]．世界环境，2008（02）．
[33] 李小平，卢现祥．国际贸易、污染产业转移和中国工业CO_2排放[J]．经济研究，2010（01）．
[34] 李中凯．发展低碳经济，加速煤炭企业转型[J]. 科技风，2010（19）．
[35] 刘铁男，马晓河，贺燕丽．我国食品工业发展战略研究[M]．北京：中国计划出版社，2008.
[36] 吕盛华．给家电企业低碳营销的三点参鉴[J].广告人，2010（8）．
[37] 潘家华．低碳转型的背景与途径——从哥本哈根会议说起[J]. 阅江学刊，2010（4）．
[38] 潘家华，庄贵阳，郑艳，朱守先，谢倩漪.低碳经济的概念辨识及核心要素分析[J]．国际经济评论，2010（4）．
[39] 任力．国外发展低碳经济的政策和启示[J]．发展研究，2009（2）．
[40] 石培华，吴普．发展低碳旅游的基本思路与重点举措[N]．中国旅游报．
[41] 孙柏林．中国自动化与可持续发展——自动化技术进入低碳经济新时代[J] 自动化博览，2010（1）．
[42] 谭丹，黄贤金，胡初枝．我国工业行业的产业升级与碳排放关系分析[J]．四川环境，2008，27（2）．
[43] 王锋，吴丽华，杨超．中国经济发展中碳排放增长的驱动因素研究[J]．2010.
[44] 王宏．海尔运营战略[M]．北京：经济出版社，2009.
[45] 王卉彤．应对全球气候变化的金融创新 [M]．北京：中国财政经济出版社，2009.
[46] 王鑫方．我国森林公园旅游人数快速增长产业规模不断扩大[J]．
[47] 王璇珍．我国工业分行业碳排放与增加值关系研究[J]．魅力中国，2010（25）．
[48] 王智宁，叶新凤．企业低碳成长的价值逻辑与战略匹配[J]．改革，2010（7）．
[49] 魏一鸣，刘兰翠，范英．中国能源报告（2008）：碳排放研究[M]．北京：科学出版社，2008.
[50] 我国现阶段住宅平均能耗与国外能耗的差异与对比[J]．每日经济新闻网，

2008.
[51] 吴维库，李贞恩．企业低碳绿色战略研究[J]．经济纵横，2010（7）．
[52] 薛惠锋．使命与挑战——构建节约型旅游生态饭店[J]．饭店现代化，2008（1）．
[53] 余多．地碳产品的认证[M]．北京：中国人民大学出版社，1999.
[54] 张坤民，潘家华，崔大鹏．低碳经济论[M]．北京：中国环境科学出版社，2008.
[55] 智静，高吉喜．中国城乡居民食品消费碳排放对比分析[J]．地理科学进展，2009（28）．
[56] 周以大．低碳经济与建筑施工新技术的推广应用[J]．建筑施工，2008（11）．
[57] 庄贵阳．中国发展低碳经济的困难与障碍分析[J]．江西社会科学，2009（7）．
[58] 庄严．关于发达国家的低碳概念[J]．北大国际法与比较法评论,第一卷．
[59] 左延鹊．低碳经济时代家电产业劲吹"绿色"风[J]．关注，2010（406）．
[60] 龙健梅，李花蕾．低碳经济与我国林业法律制度的协调[A]．生态文明与林业法治——2010全国环境资源法学研讨会（年会）论文集（下册），2010.
[61] 刘立，陆小成，李兴川．科学发展观视野下的低碳技术创新及其社会建构[J]．中国科技论坛，2009（7）．
[62] 陆小成．技术预见对区域创新系统的作用及其路径选择[J]．科学学与科学技术管理，2009（2）．
[63] 张秋明．英国政府的公路运输生物燃料战略[J]．国土资源情报，2005（9）．
[64] 蔡林海．低碳经济绿色革命与全球创新竞争大格局[M]．北京：经济科学出版社，2009.
[65] 邢继俊．发展低碳经济的公共政策研究[D]．博士学位论文．华中科技大学，14—15.
[66] [英]安东尼．吉登斯．气候变化的政治．曹荣湘译[M]．北京：社会科学文献出版社，2009.
[67] 中国科学院可持续发展战略研究组．2009中国可持续发展战略报告——探索中国特色的低碳道路[M]．北京：科学出版社，2009.
[68] 任力．国外发展低碳经济的政策及启示[J]．发展研究，2009（2）．
[69] 顾明远．现代生产与现代教育[J]．外国教育动态，1981，2（1）．

[70] 本书编委会编. 家居设计效果图及材料注释：现代简约[M]. 沈阳：辽宁科学技术出版社，2006（1）.
[71] 方利国等. 热管节能技术[M]. 北京：化学工业出版社，2008.
[72] 喻捷，吴景山. 低碳生活手册·家[M]. 中国环境科学出版社，2009.
[73] 刘士军. 打造企业文化提升核心竞争力[N]. 中国旅游报，2009年4月15日第7版.
[74] 蔡林海等. 低碳经济 绿色革命与全球创新竞争大格局[M]. 北京：经济科学出版社，2009.
[75] 赵建军. 发展低碳经济 实现可持续发展新跨越[J]. 科技成果纵横，2009.
[76] 钟琪. 坚持以创新技术推进低碳经济[N]. 中国经济时报，2009.
[77] 坚持走低碳经济之路——2009中国企业节能减排研讨会综述[J]. 财经界，2009（12）.
[78] 付敬. 梦想与挑战——低碳发展在中国[M]. 北京：新世界出版社，2010.
[79] 王雷. 陈亮. 从供应链视角看低碳经济下企业的生存与发展[J]. 中国集体经济，2010（1）.
[80] 赵建军，姜春华. “低碳”视域下的文化价值观[N]. 中国文化报，2010.
[81] 文雯. 污染源普查校准减排方向[N]. 中国环境报，2010年3月5日第1版.
[82] 赵亚香，蒋卫东. 企业节能减排绩效评价研究评述[J]. 煤炭经济研究，2010.
[83] 陈彩棉. 低碳经济：中国可持续发展的必由之路[J]. 长春工业大学学报（社会科学版），2010.
[84] 王衍用. 低碳旅游 旅游业发展的必然选择[N].中国旅游报. 2010年4月14日第11版）.
[85] 编辑部. 低碳知识读本[C]. 广州：广东教育出版社，2010.
[86] 刘倩. 推开低碳经济之窗[M]. 北京：经济科学出版社，2010.
[87] 刘倩. 支撑低碳经济发展的可持续消费[C]. 北京：经济科学出版社，2010.
[88] 马辉. 黑龙江省发展低碳经济法律规制研究[D]. 哈尔滨工程大学，2010.
[89] 李永盛. 新编常用建筑装饰装修材料简明手册[M]. 北京：中国建材工业出版社，2010.

[90] 陶良虎．中国低碳经济——面向未来的绿色产业革命[M]．北京：研究出版社，2010.
[91] 李志刚．低碳生活知多少[M]．桂林：广西师范大学出版社，2010.
[92] 生态文明与林业法治——2010全国环境资源法学研讨会（年会）论文集（下册）[C]．2010.
[93] 上海世博创意读本[M]．上海：上海大学出版社，2010.
[94] 王健．装修设计典范系列——经济简约[M]．北京：科学出版社，2010.
[95] 王震，孙佰清，黄金枝．基于二次相对效益的煤炭工业节能减排效果评价模型研[J]．哈尔滨工业大学学报（社会科学版），2010（9）.
[96] 庄蔚敏，叶福恒．低碳汽车技术[M]．北京：清华大学出版社，2010.
[97] 陈静．“十二五”发展规划建议 中国要向家电强国转变[N]．中国证券报，2010.
[98] 叶艳．低碳经济是中国发展的必然选择、挑战、责任、理想：我们是世界的．青年论文摘要集[C]．2010.
[99] 吴凤菊．　我国低碳基金的运行模式研究[J] .商场现代化，2010.
[100] 徐砥中．企业低碳管理系统的协同管理机制[J]．广东社会科学，2011（3）.
[101] 标准委推广能效标识制度 5年内可节煤2.56亿吨[N]．人民日报，2005.
[102] 黄济．教育哲学通论[M]．太原：山西教育出版社，1998.

（注：本书所收录的企业案例资料均来源于2010年、2011年“低碳先锋”评选企业参评资料。）